Curry
Die besten Rezepte

Karin Messerli Yvette Le Brasse

Curry

Die besten Rezepte

AT Verlag

Fotos: Martina Meier, Zürich
Textredaktion: Pia Messerli, Bern
Gestaltung und Satz: AT Verlag, Aarau
Lithos: AZ Grafische Betriebe AG, Aarau
Druck und Bindearbeiten: Neue Stalling GmbH, Oldenburg
Printed in Germany

ISBN 3-85502-685-8

Inhalt

Curries – das ist Asien pur, ohne Einflüsse der Küche des Westens. Gereist wurde schon früher. Und mit Gewürzen gehandelt. Die Inder kannten sich in der Zubereitung der cremigen Saucengerichte aus und verbreiteten das Gericht im südostasiatischen Raum. Die Methode wurde übernommen. Und die Gerichte entstanden neu: mit anderen Zutaten, mit Vorlieben und Traditionen des jeweiligen Landes. Mal schärfer, mal gelber, mal sauciger. Mit Gemüse, Fisch, Geflügel und Fleisch. Mit Reis oder Linsen serviert oder mit Fladenbrot genossen. Für grosse Runden ohne Zwang. Und mit unzähligen weiteren Beilagen, die zu eigenen Kombinationen und Kreationen bei Tisch anregen: Das reicht von Sambals über Pickles, Chutneys bis zu hart gekochten Eiern, Limetten und frittierten Schalotten. Ganz unseren guten neuen Essgewohnheiten entsprechend: Zeit haben für simple Essvergnügen ohne überflüssigen Ballast. Curries sind von Natur aus ganzheitlich – da kommen alle Sinne zum Tragen. Und es bleiben keine Wünsche offen. Da ist Schärfe mit Säure und Süsse genüsslich vereint. Da wird kurz gebraten und lang gesimmert. Mit Farbe und Weiss gespielt. Aromen hervorgehoben und dezent gemischt. Curries sind nicht nur vegetarische Plättchen, sondern auch etwas für FleischliebhaberInnen. Und sie können erst noch entweder mit dem Löffel gelöffelt oder mit den Stäbchen gegabelt werden. Ganz individuell, nach Lust und Laune.

Karin Messerli und Yvette Le Brasse

Die meisten der in diesem Buch verwendeten Zutaten sind heute keine Exoten mehr: Sie sind leicht erhältlich und das nicht nur in grossen Städten. Grössere Lebensmittelgeschäfte oder die Lebensmittelabteilung von Supermärkten und Warenhäusern bieten eine reichhaltige Auswahl sowohl an frischen Lebensmitteln, vor allem Gemüse und Kräuter, als auch an Gewürzen, Pasten, Chutneys und Pickles aus den verschiedensten asiatischen Ländern. In asiatischen Geschäften sind Spezialitäten und die typischen Zutaten aus den entsprechenden Ländern zu finden.

Ajwain oder Ajowan

Der tränenförmige Gewürzsamen von Carom ajowan, der zur gleichen Familie gehört wie Kreuzkümmel und Petersilie. Die Pflanze wächst buschartig, hat Ähnlichkeiten mit Liebstöckel und ist verwandt mit Süssholz. Zerstossen erinnert das Aroma an Thymian. In Indien seit Jahrhunderten verwendet, in anderen asiatischen Ländern wenig bekannt. Sparsam verwenden, für Curries und Reisgerichte, für Pickles und Chutneys.

Balachaung oder Balachang

Beilage zu burmesischen Curries: Hauptzutat sind getrocknete Crevetten, die für kräftige Würze sorgen. Rezept Seite 90.

Basilikum

- Ocimum basilicum gehört zur Familie der Labiatae oder Minzengewächse. Je nach Varietät ist das Aroma pfeffrig scharf bis süsslich minzeähnlich. Wird vor allem in der thailändischen, vietnamesischen und laotischen Küche reichlich verwendet· für Salate, rohe Gemüsegerichte und über Curries.
- Thai-Basilikum (asiatischer Basilikum) wird meistens über Curries, Suppen und Salate gestreut. Aromatisch streng.
- Heiliger Basilikum (Holy Basil, süsser Basilikum) stammt aus Thailand, für Curries verwendet.

Basmatireis, siehe Reis

Blachan, siehe Crevettenpaste

Brot, indisches

In Indien ist Brot neben Reis ein wichtiges Hauptnahrungsmittel. Die Auswahl ist gross, meistens unter dem Sammelbegriff *roti* zusammengefasst, was so viel wie Toast bedeutet. Im Süden Indiens aus gemahlenem Reis und Linsen, im Norden aus Weizenmehl gebacken.

◆ Chapatis sind Fladenbrote aus Vollweizenmehl, aber ohne Hefe, in speziellen Pfannen auf dem Holzkohleofen zubereitet. Rezept Seite 88.

◆ Naan sind weiche, tränenförmige Brote aus einem weissen Mehl mit natürlicher Hefe, im Tandoori-Ofen gebacken. Mit Zwiebeln, Knoblauch, Mohn- oder Sesamsamen aromatisiert und manchmal mit Lebensmittelfarbe gefärbt. Werden auch mit scharfer Füllung serviert. Rezept Seite 87.

Candlenuts oder Kemiri-Nüsse

Eine harte, trockene und sehr ölhaltige Nuss. Wächst an einem Baum (Aleurites moluccana), der in Indonesien und Malaysia heimisch ist. Der Name stammt daher, dass die Nüsse mit Baumwolle und Kokosnussfleisch (Copra) zur Kerzenherstellung verwendet werden. Deshalb auch Licht- oder Kerzennüsse genannt. Sie sehen Macadamianüssen sehr ähnlich, sind aber trockener. Auf keinen Fall roh essen, sie sind leicht bitter. Sie müssen zerkleinert oder gemahlen mitgekocht werden, z. B. in Curries (binden Flüssigkeit), Saucen und Sambals.

Chili

◆ Capsicum annuum wird in ganz Asien verwendet. In Thailand sind mehr als zehn Varietäten bekannt: kleine, lange schlanke, von Rot über Orangegelb bis Grün und von sehr scharfen bis zu milderen. In Indien werden die grossen dunkelroten Chili aus Kaschmir wegen ihrer Farbe und ihrem ausgewogenen Aroma geschätzt.

◆ Frische Chili gehackt oder fein geschnitten von Anfang an mitgaren oder am Schluss über das Gericht streuen. Gut zu wissen: Die kleinsten Chili sind die schärfsten. Rote sind meistens schärfer als grüne. Die Schärfe wird etwas gemildert, wenn die weissen Scheidewände samt Samenherz entfernt werden.

◆ Getrocknete Chili sind meistens milder. Vor allem wenn sie vor der Verwendung entkernt und trocken geröstet werden.

◆ Chiliflocken werden aus getrockneten Chili, meistens mit den Samen, flockenähnlich zerstossen. Unterschiedlich scharf erhältlich. Je nach Herkunft ist auch Chilipulver schärfer oder milder. Oft mit gemahlenem Kreuzkümmel gemischt, um die Schärfe zu mildern. Durch Cayennepfeffer oder Chiliflocken zu ersetzen. Aussergewöhnlich in der Qualität und in seiner Farbe ist das Pulver aus Kaschmir-Chili.

◆ Chilipasten oder Chilisaucen wie Sambal Oelek oder Rempah werden entweder wie eine Gewürzpaste verwendet oder separat zu den Gerichten serviert.

Crevetten, getrocknet

Geschälte kleine Crevetten, die luft- oder sonnengetrocknet wurden. Zum Würzen und Aromatisieren von Suppen oder Bouillons. Schon eine kleine Menge genügt, um ein einfaches Gericht zu bereichern. Vor dem Verwenden, vor allem bei kurzen Garzeiten, in Wein oder Wasser einweichen. Die besten und frischesten sind orange-pinkfarben. Bräunliche und weissliche Streifen verraten Alter und Verlust von Aroma. Gut verschlossen möglichst luftdicht aufbewahren.

Crevettenpaste

Gesalzene, pulverisierte Crevetten werden getrocknet und zu kleinen Kuchen gepresst. In Malaysia als Blachan verkauft. Thailändische und vietnamesische Pasten sind etwas weicher in der Konsistenz. Crevettenpaste wird hauptsächlich zum Würzen von Curries verwendet. Gut verschlossen, möglichst in der Originalverpackung, im Kühlschrank aufbewahren. Vor dem Weiterverwenden in Öl rührbraten, damit die Paste aromatisch wird und die säuerliche Note verliert.

Curryblätter

Dies sind die Blätter des in Südostasien wachsenden Baumes Murraya kœnigii. Sie werden meistens getrocknet, manchmal frisch verkauft. In indischen Lebensmittelgeschäften erhältlich.

Currypasten

Eine grosse Auswahl an Pasten ist in asiatischen Lebensmittelgeschäften erhältlich. Sie sind ungeöffnet unbefristet haltbar. Einmal offen müssen sie gut verschlossen im Kühlschrank aufbewahrt werden.

Currypulver

Eine Mischung aus Gewürzen, die je nach Herkunft oder Verbraucher verschieden ist: für den Westen dank hohem Kurkuma-Anteil meistens nicht zu scharf, z. B. Kormapulver. Masalas sind vollaromatisch und schärfer, Vindaloos die «heissesten» Currymischungen.

Erdnüsse

Sind in der vegetarischen Küche ein wichtiger Eiweisslieferant. Geröstet, zerstossen oder gemahlen werden sie über Gerichte gestreut oder sind die Basis für Saucen und Dips. In asiatischen Lebensmittelgeschäften sind ungeröstete und ungesalzene Erdnüsse erhältlich. Sie können gut tiefgekühlt werden.

Fenugreek

Trigonella fœnum-graecum stammt ursprünglich aus dem Mittelmeerraum. In Indien werden die einjährigen Pflanzen frisch als Gemüse zubereitet. Die gelbbraunen Samen sind klein und unregelmässig geformt. Im Geschmack an Ahornsirup erinnernd. Erst trocken rösten, damit sich das Aroma entfalten kann. Aber aufpassen, dass die Samen nicht verbrennen, weil sie dann bitter werden. Ganz oder gemahlen für Chutneys, Pickles, Fischcurries und für Currymischungen.

Fischsauce

Die meistverwendete Würzsauce in Südostasien, vor allem in Thailand, Vietnam, Kambodscha und Burma, in Thailand Nam pla, in Vietnam Nuoc mam genannt, dient wie Sojasauce zum Salzen und Würzen. Hergestellt aus fermentiertem Fisch: Frischfisch wird lagenweise mit Salz in Fässer geschichtet. Die entstandene Flüssigkeit wird nach 3–4 Monaten abgelassen, filtriert und in Flaschen abgefüllt. Hoher Vitamin-B-Gehalt und reich an Proteinen. Fischsauce wird – mit Chili, gemahlenen Erdnüssen, Zucker und Frühlingszwiebeln gemischt – meistens als Dip zu den Gerichten serviert. Tintenfischsauce wird ähnlich hergestellt und schmeckt gleich. Von Kennern bevorzugt.

Frühlingszwiebeln und Schalotten

Allium fistulosum wird in ganz Asien intensiv angebaut und in allen möglichen Gerichten verwendet. Die feinen grünen Zwiebelröhrchen werden samt der kleinen Zwiebel fein geschnitten. Sie sind milder als Zwiebeln und Schalotten und werden vor allem für Currypasten, z. B. Rempah, und Sambals verwendet oder frittiert über Reisgerichte gestreut.

Galgant oder Galangal

Der Wurzelstock (das Rhizom) der in ganz Südostasien wachsenden Alpinia galanga, auch als Thai- oder Siam-Ingwer bekannt. Er ist cremefarben mit rosa-orange gefärbten Keimstellen und wird wie (frischer) Ingwer verwendet, würzt pfeffrig heiss, aber nicht scharf. Ist mit Chili, Gewürzen und Kräutern die Grundlage grüner und roter Currypasten. Kann durch die doppelte Menge Ingwerwurzel ersetzt werden. In asiatischen Lebensmittelgeschäften erhältlich.

Garam Masala

Gewürzmischungen werden in Indien allgemein als Masalas bezeichnet. Die Auswahl ist gross. Sie sind alle sehr würzig – von mild bis sehr scharf. Die ganzen Gewürze werden nach regionalen Rezepturen gemischt und fein gemahlen. Weil gemahlene Gewürze sehr schnell das Aroma verlieren bevorzugen die meisten Inder ihre eigene Mischung und mahlen sie kurz vor der Verwendung. Fertig-Masalas gut verschlossen aufbewahren und innerhalb von drei Monaten verbrauchen. Übrigens: Wenn die ganzen Gewürze vor dem Mahlen trocken geröstet werden, wird der Geschmack intensiver, nussiger und die Gerichte werden kräftiger in der Farbe.

Garam Masala ist die bekannteste indische Gewürzmischung: es enthält kein Kurkuma, welches den Curries die typisch gelbe Farbe gibt. In Nordindien sind die Curries deshalb meistens braun. Garam Masala zum Würzen von gebratenen oder frittierten Fischen verwenden oder am Schluss über fertig gegarte Gerichte streuen.

Gelbwurz, siehe Kurkuma

Gemüse

- Auberginen sind in Asien in allen Grössen, Farben und Formen zu finden. Als Erbsen-Auberginen (thai. makhua puang, engl. pea eggplant, lat. Solanum torvum) werden die aus Thailand stammenden als Trauben erbsgrosser grüner Kugeln wachsenden Früchte eines anderen Nachtschattengewächses bezeichnet. Sie besitzen eine zähe Haut und wenig wattig weiches, bitteres Fleisch. Vor allem für Curries oder roh mit Nam Prik serviert (eine höllisch scharfe Sauce, auch als Chili Jam bekannt).
- Lange Bohnen, etwa 40 cm lang, von Hellgrün bis fast Auberginefarben. Werden geschnitten in Curries mitgekocht.
- Chinakohl gehört zur grossen Familie der Kohlgewächse. In Asien sehr beliebt. Das ganze Jahr erhältlich, beim Grossverteiler, auf dem Markt und in asiatischen Lebensmittelgeschäften. Durch Varietäten wie Bok Choy zu ersetzen.
- Baby-Mais oder Baby-Corn sind kleine Maiskolben, die ganz gegessen werden können. Frisch in asiatischen Lebensmittelgeschäften oder in der Asien-Gemüse-Abteilung von Grossverteilern zu finden. Auch als Konserve in Salzlake erhältlich.
- Okra, Lady fingers oder Bhindi werden in der vegetarischen indischen Küche häufig verwendet, vor allem in Currygerichten. Die langen, grünen, sechskantigen Schoten enthalten weisse Samen und der schleimartige Saft bindet beim Kochen die Flüssigkeit. Die kleinsten Schoten sind am besten. Darauf achten, dass sie makellos grün sind. Dann nur

den Deckel frisch anschneiden. Grössere Exemplare in Stücke schneiden.

Ingwer

Zingiber officinale, ist eines der meistverwendeten Gewürze in der asiatischen Küche. Gehört zur gleichen Familie wie Galgant, Krachai und Kurkuma (Gelbwurz). Meistens wird mit frischem oder eingelegtem Ingwer gewürzt. Junger frischer oder grüner Ingwer ist sehr saftig und kaum faserig, die Haut ist noch durchsichtig und fein. Sie trocknet mit zunehmendem Alter aus und wird braun. Dann verliert das Fleisch seine Saftigkeit und wird zunehmend faserig. Das Aroma ist aber intensiver. Zum Reiben von frischem Ingwer gibt es spezielle Raffeln aus Metall, Porzellan oder Bambus. Frischen Ingwer (geschält und in Scheiben geschnitten oder geraffelt) in Sherry oder Reiswein aufbewahren. Die Flüssigkeit ebenfalls zum Würzen verwenden.

Jaggery, siehe auch Palmzucker

Unraffinierter dunkler Zucker, der von verschiedenen Palmenarten oder von Zuckerrohr stammt. Zylinder- oder kugelförmig in verschiedenen Grössen angeboten. Das Aroma erinnert an Melasse, Palmzucker und Rohzucker mit leicht säuerlicher Note. Demerara-Zucker aus dem Reformhaus ist im Geschmack am ähnlichsten. Vor allem für vegetarische Curries zu verwenden. In asiatischen Lebensmittelgeschäften erhältlich.

Jasminreis, siehe Reis

Kaffirlimette, Kaffirlimettenblätter

Citrus hystrix ist eine Limonenart, die in Südostasien wächst. Sie sieht aus wie eine grosse Limette, sattgrün mit knubbeliger Haut, ist aber weniger saftig als die Limette. Der Saft wird zum Abschmecken verwendet. Wichtiger sind aber die Blätter der Kaffirlimette: Frisch oder getrocknet würzen sie vor allem Suppen und Curries. Wie ein Lorbeerblatt mitgekocht entfalten sie langsam ihr feines Zitronenaroma oder werden am Schluss fein geschnitten über das Gericht gestreut.

Kardamom

Elettaria cardamomum, wächst in den tropischen Bergwäldern Südindiens im Schutz hoher Bäume, in Plantagen oder wild im Dschungel. Die samenhaltigen Kapseln werden von Hand geerntet, deshalb ist Kardamom fast so teuer wie Safran und Vanille. Wird in Indien, vor allem im Norden, in allen möglichen Gerichten verwendet, ist ein wichtiger Bestandteil von Garam Masala und anderen Gewürzmischungen. Würzt pfeffrig bitter, hat wärmende und kühlende Wirkung. Kardamom ist bekannt als Verdauungshilfe – Inder kauen die ganzen Kapseln nach dem Essen, auch weil es angenehm erfrischt. Erhältlich sind gerippte braune, feinere grüne oder weiss gebleichte Kapseln, daneben auch die ausgelösten Samen oder Kardamompulver, deren Haltbarkeit jedoch von kurzer Dauer ist, weil sich das Aroma schnell verflüchtigt.

Kokosnuss

◆ Die ganze Nuss, Cocos nucifera, ist einfach zu knacken: erst die Augen anbohren und das Kokosnusswasser ablaufen lassen (für kalte Getränke verwenden). Dann mit einem Hammer aufschlagen und das Fleisch (auch als Copra bekannt) mit einem speziellen Handgerät aus der Schale raspeln. Oder das Fleisch samt der braunen Haut herauslösen, schälen und dann raspeln. In Thailand werden Curries oft in jungen ganzen Kokosnüssen serviert: Das Fleisch im Innern ist noch weich (gelatineartig) und wird zusammen mit dem Curry gegessen. In Indien wird geriebene Kokosnuss, frisch oder getrocknet und geröstet, zu scharfen Curries serviert, um die Schärfe zu mildern.

◆ Kokosnusscreme, -paste, -milch, -extrakt sind aus frischer Kokosnuss und Wasser hergestellt: Kokosnussraspel werden mit Wasser aufgekocht. Erst schöpft man die fetthaltigere Creme ab (gepresst in Blockform erhältlich). Die restliche Flüssigkeit wird abgesiebt und in Dosen von 400 und 200 ml verpackt. Einmal geöffnet muss Kokosnussmilch sofort weiterverwendet werden oder ist 2 Tage zugedeckt im Kühlschrank haltbar; sie kann auch tiefgekühlt werden. Übrigens: Kokosnusscreme und -milch kann man auch selber machen: 250 g frisch geraspelte Kokosnuss mit ½ l kochend heissem Wasser übergiessen. 10 Minuten ziehen lassen, dann absieben. Der erste Aufguss ist die Kokosnusscreme. Für die dünnere Kokosnussmilch den Vorgang wiederholen.

◆ Kokosnussmilch in Pulverform zum Anrühren: Anweisung auf der Packung befolgen. Gut zu wissen: Ein Curry auf der Basis von Kokosnussmilch ist erst fertig, wenn sich ein feiner Fettfilm auf der Sauce absetzt. Kokosnussmilch oder -creme scheidet gern, wenn die Sauce zu stark kocht. Dies hat auf den Geschmack keinen negativen Einfluss. Es kann verhindert werden, indem die Sauce unter Rühren aufgekocht wird, bis sie bindet.

Koriander

◆ Coriandrum sativum, auch unter dem Namen Cilantro oder Chinese Parsley bekannt, gehört zur Familie der Petersilie und wächst auf der ganzen Welt. Wird in der asiatischen Küche reichlich und meistens frisch verwendet. Der Geschmack ist frischdurchdringend, erdig und nicht jedermanns Sache. Die Chinesen verwenden Koriander hauptsächlich zum Garnieren. In asiatischen Lebensmittelgeschäften samt Wurzeln erhältlich, die ebenfalls in Curries, vor allem für Pasten, verwendet werden. Zum Aufbewahren Koriander bis zum Stängelansatz ins Wasser stellen und lose mit Plastik bedecken. Ohne Wurzeln in einem Plastikbeutel kühl aufbewahren.

◆ Koriandersamen sind im Geschmack ganz anders als das frische Kraut. Getrocknet und gemahlen gehören sie zu den Hauptgewürzen jeder Currymischung (auch in Garam Masala). Im Geschmack sind Koriandersamen frisch und leicht süsslich-zitronig. Ganz oder zerstossen zum Würzen von Gemüse, Reis, Chutneys und Pickles. Am besten ungemahlen kaufen und erst kurz vor dem Verwenden zerkleinern. Für ein intensiveres Aroma vorher leicht rösten.

Krachai oder Lesser Galangal

Kaempferia pandurata, K. galanga, gehört wie Galgant und Kurkuma zur Ingwerfamilie. Fingerdicke Knollen mit brauner Haut, kräftig orangefarbenem Fleisch und leicht zitronigem Aroma. Der Saft ist stark färbend, deshalb beim Schneiden aufpassen. Wird in Thailand wie Gemüse – roh oder gekocht – gegessen oder in Curries mitgekocht. Ab und zu in asiatischen Lebensmittelgeschäften zu finden. In getrockneter gemahlener Form unter der Bezeichnung *kencur* erhältlich.

Kreuzkümmel, Cumin

Cuminum cyminum, gehört zur Familie der Petersilie und wird hauptsächlich in den

Küchen des Mittelmeerraums und des Vorderen Orients verwendet. In Indien und Malaysia ist Kreuzkümmel ein wichtiges Gewürz für Currygerichte und für die Zubereitung von Garam Masala. Wird auch als *dhania-jira* – mit Koriander gemischt – als Würzmischung verkauft. Die ganzen Samen werden für Chutneys und Pickles verwendet. Kreuzkümmelsamen vor dem Würzen, Zerstossen oder Mahlen immer zuerst bei grosser Hitze trocken rösten, bis die Samen springen.

Kurkuma, Gelbwurz oder Turmeric

Curcuma domestica, ähnlich wie Ingwer und Galgant ein Rhizom. Hat eine bräunliche Haut und auffallend orangegelbes Fleisch. Im Geschmack stark erdig, mit leicht bitterer Note. Kurkuma verhilft Curries zur typisch gelben Farbe und ist in Currypulvermischungen eines der wichtigsten Gewürze. Hat die Eigenschaft, andere Gewürze zu übertönen, deshalb wird Garam Masala ohne Kurkuma gemischt. Frische Kurkuma wird wie Ingwer oder Galgant verwendet: erst schälen, dann fein reiben oder schneiden. Im Kühlschrank einige Wochen haltbar. Das Pulver muss trocken und lichtgeschützt aufbewahrt werden. In Curries sparsam verwenden.

Limette

Die asiatischen Limetten sind die kleinsten Zitrusfrüchte. Sie haben eine glatte, dünne Haut und sind im Geschmack intensiver als die etwas grösseren Limetten, die fast überall erhältlich sind und meistens aus Plantagen südlicher Länder stammen. Limetten werden in Asien der Zitrone vorgezogen. Sie werden zum Säuern und Zartmachen verwendet: Die Säure verkürzt die Garzeit eiweisshaltiger Lebensmittel.

Linsen

In Indien als *dal* bekannt: die Beilage, die zu jedem Gericht serviert wird. Dal können dicke Pürees oder suppenartig sein, mal sind sie mild, mal feurig scharf. Die roten Linsen müssen nicht eingeweicht werden, sie sind geschält und meistens gesplittet erhältlich: für sehr scharfe Dal und für Suppen verwendet. Ge be Linsen sind ebenfalls geschält und gesplittet. Sie werden hauptsächlich in der vegetarischen indischen Küche und für Suppen verwendet. Man sollte sie 1 Stunde vor dem Kochen einweichen.

Macadamia

Macadamia ternifolia, ist eine harte kugelrunde Nuss, in den verschiedensten Formen erhältlich, z. B. gesalzen oder gezuckert, in Schokolade gehüllt, als Glace usw. In Asien meistens als Ersatz für Candlenuts.

Macis

Oft fälschlicherweise als Muskatblüte bezeichnet. Die leuchtend roten Hüllen sind aber der Samenmantel der Muskatnuss (Myristica fragrans). Dieser wird entfernt, getrocknet und ganz oder gemahlen verkauft. Beim Trocknen wird Macis hellorange und ist im Geschmack feiner und milder als Muskatnuss. In Indien mit Zimt, Gewürznelken und Kardamom für Curries, Pickles und Süssigkeiten verwendet.

Minze

Mentha arvensis, ist in Kambodscha, Laos und Vietnam eine wichtige Zutat in Gemüsesalaten, die als Beilage zu vielen Gerichten serviert werden. In Thailand ebenfalls in Salaten und als Garnitur über grüne Curries verwendet. In asiatischen Lebensmittelgeschäften sind vor allem asiatische Varietäten erhältlich, z. B. Ingwerminze.

Nudeln

Die Auswahl ist gross und jedes Land hat seine Spezialitäten. Zu Curries sind die neutralen Reisnudeln am besten: Sie nehmen die Aromen der Sauce oder der Suppenflüssigkeit auf. Es gibt sie in verschiedenen Breiten, frisch oder getrocknet. Die Kochzeit ist kurz. Sie müssen nur in siedend heissem Wasser eingeweicht werden, bis sie weich sind. Glasnudeln sind ebenfalls neutral im Geschmack; sie sind aus gemahlenen Mungobohnen hergestellt. Nach dem Einweichen bleiben sie glasig, Reisnudeln dagegen werden weiss.

Öl

Zum Braten oder Rührbraten ein möglichst neutrales Öl verwenden, das hohe Temperaturen verträgt, z. B. Maiskeim-, Sonnenblumen-, Sojabohnen-, Erdnuss- oder Baumwollöl.

Palmzucker

Wird von zwei Palmenarten gewonnen, die in Malaysia und Indonesien heimisch sind. Der Saft wird in Abständen von 4 bis 6 Monaten vom Stamm eines jungen männlichen Baumes abgezapft. Anschliessend wird er in grossen Töpfen auf offenem Feuer zu einem dicken Sirup eingekocht, dann in Kokosnuss- oder Bambusformen abgefüllt und auskühlen gelassen. Manchmal werden die kleinen Kuchen noch geräuchert, bis sie fast schwarz sind. Dieser Zucker ist sehr stark im Geschmack. In asiatischen Lebensmittelgeschäften erhältlich. Trocken aufbewahren. Als Ersatz Rohzucker verwenden.

Parfümreis, siehe Reis

Rattanjog

Das aus der Rinde eines in Kaschmir heimischen Baumes hergestellte Gewürz wird wegen seiner Eigenschaft, die Gerichte rot zu färben, für die reichhaltigen Curries verwendet. Safran ist ein Ersatz für dieses bei uns kaum erhältliche Gewürz.

Rempah

Eine Gewürzpaste, bestehend aus Zitronengras, Chili, Zwiebeln, Knoblauch, Candlenuts, Koriander, Kurkuma, Ingwer und Crevettenpaste. In Indonesien und Malaysia für Curries und zum Würzen von Fleisch für Satays verwendet. Rezept Seite 29.

Reis

Basmatireis ist ein Langkornreis aus Indien, der wegen seinem feinen Geschmack beliebt ist. Siam Patna, Parfümreis und Jasminreis sind ebenfalls Langkornsorten, die aus Indien und Thailand kommen. Ideale Beilage zu Curries.

Sambal

Ist der Sammelbegriff für Beilagen und Würzsaucen, die in Malaysia und Indonesien zum individuellen Abschmecken zu Gerichten serviert werden. Einige Sambals werden gekocht, andere aus rohen Zutaten gemischt. Aber sie sind immer scharf bis sehr scharf.

Senfsamen

In Asien sind die braunen und schwarzen Senfsamen beliebt. Die schwarzen sind wegen ihrer Schärfe geschätzt, z. B. in Curries, Pickles, Chutneys und Relishes. Die rotbraunen sind weniger scharf und dienen zum Würzen von Reis, Dal und Gemüse. Senfsamen werden ungemahlen verkauft, weil sich die Schärfe durchs Mahlen schnell verflüchtigt.

Sesamöl

Ist sehr nussig und kräftig. Die hellen Öle sind etwas milder und können auch zum Braten oder Dünsten verwendet werden. Die dunkleren und kräftigeren Öle eher zum Würzen oder für Marinaden einsetzen. Kühl und dunkel aufbewahren und rasch verbrauchen.

Sojabohnensprossen

Meistens die Sprossen von gekeimten grünen Mungobohnen oder gelben Sojabohnen, sind in der asiatischen Küche sehr beliebt. Frisch in Plastikbeuteln oder als Konserve erhältlich. Frische Sprossen müssen perlmuttweiss, knackig und ohne abgetrocknete Spitzen sein. Das Keimen ist einfach: Die eingeweichten Bohnen oder Linsen werden gut abgetropft entweder in speziellen Keimapparaten oder in einem Glas während 3 bis 4 Tagen an einem hellen warmen Ort zum Keimen gebracht. 1- bis 2-mal täglich spülen. Vor dem Verwenden immer gut spülen oder kurz blanchieren, vor allem für Salate. Sprossen haben eine kurze Garzeit, also erst in den letzten Minuten beifügen. Gut für Suppen, Curries oder rührgebratene Gerichte.

Sojasauce, hell und dunkel

Helle Sauce für helle Gerichte verwenden, damit sich die Zutaten nicht verfärben. Sie ist meistens salziger als die herkömmlichen Sojasaucen und dünnflüssiger. Dunkle Sojasauce zum Marinieren oder Würzen von dunklem Fleisch nehmen. Aufpassen, es gibt auch schwarze dickflüssige Sojasaucen, die sehr süss sind. Für Curries sind Sojasaucen aus Thailand oder Vietnam zu empfehlen. Sie passen im Geschmack besser als japanische.

Sternanis

Die Samenkapseln eines Baumes, Illicium verum, der zur Familie der Magnolien gehört. Die Kapseln sind dunkelbraun und sternförmig mit acht Zacken. Gereift und getrocknet lösen sich die glänzend braunen Samen im Innern. Sie riechen stark nach Lakritze. Sie werden ganz in Curries (typisch für Vietnam) oder in Schmorgerichten verwendet. Gemahlen gehört Sternanis zur Fünf-Gewürze-Mischung, das unersetzliche Allerweltsgewürz der Chinesen.

Tamarinde

Tamarindus indica, ist von den Indern nach Indonesien und Malaysia gebracht worden und ist eine wichtige Zutat in der asiatischen Küche. Die bohnenartige Frucht des grossen Tamarindenbaumes ist zuerst grün und wird mit zunehmender Reife braun. Das Fruchtfleisch ist sehr faserig und voller harter brauner Samen, im Geschmack sehr sauer. Als getrocknete Frucht mit Samen und Stängeln, als gepresstes Mark oder als Flüssigkeit erhältlich. Gibt Curries das einzigartige Aroma, verstärkt die Würze und ist als Weichmacher in Marinaden bekannt.

Tempeh

Fermentierte Sojabohnenkuchen aus gekochten gepressten Sojabohnen. Die Oberfläche ist wie Camembert mit weissem Schimmel überzogen und gibt Tempeh den nussigen Geschmack. In der vegetarischen Küche ein wichtiger Eiweisslieferant. Für Curries und Wokgerichte. In asiatischen Lebensmittelgeschäften oder im Reformhaus, meistens tiefgekühlt in 250-g-Portionen, erhältlich. Kann durch festen Tofu ersetzt werden.

Turmeric, siehe Kurkuma

Vindaloo

Bezeichnung der scharfen indischen Gerichte, die mit einer Mischung aus gerösteten gemahlenen Gewürzen und Chili zubereitet werden. Meistens mit Essig und/oder Tamarinde abgeschmeckt. Für Vindaloos kräftige Fleischsorten, wie z. B. Ente, Wild oder Schwein verwenden. Vindaloo-Pasten sind in indischen Lebensmittelgeschäften fertig zu kaufen. Übrigens: Die Gerichte 1 bis 2 Tage im Voraus zubereiten, damit sich die Aromen der Gewürze entfalten können.

Zitronengras

Cymbopogon citratus, wird in Asien als Medizin und zum Würzen verwendet. In indonesischen Curries ist Zitronengras das Hauptgewürz. In Thailand und Malaysia meistens mit Kurkuma (Gelbwurz) und Crevettenpaste zusammengemischt. Nur der untere Teil des frischen Stängels wird fein geschnitten in Curries, Suppen oder Saucen mitgegart. Der obere Teil ergibt einen erfrischenden Tee. Die Stängel sind mittlerweile auch bei Grossverteilern erhältlich. Zitronengras ist gut verpackt 2 Wochen im Kühlschrank haltbar und lässt sich problemlos tiefkühlen. Getrocknet hat das Gras einen ganz anderen Geschmack, muss vor dem Verwenden in Wasser eingeweicht werden und ist kein Ersatz für frisches Zitronengras.

BROWN
SUGAR
IN PIECES
中華人民共和國
中國糧油食品進出口公司監製
廣東
PACKED BY
CHINA NATIONAL CEREALS. OILS AND

In Asien geht das Kochen rasend schnell, wenn die Vorbereitungen einige Stunden zuvor erledigt wurden und alle Zutaten bereitstehen: geröstet, gemahlen, zerkleinert, gewaschen und abgemessen. In Asien hat man die Wahl: Entweder man hat die Rohprodukte und erledigt alle Vorarbeiten selbst oder man kauft alles frisch geschnippelt und vorbereitet auf dem Markt ein, von geschältem und geriebenem Ingwer bis zu geraspelter Kokosnuss und gerösteten Würzpasten. So praktisch und frisch kann «Convenience» sein.

Reis kochen

Verhältnis: auf 4 Teile Wasser 3 Teile Reis.

- Quellmethode: Den Reis spülen, mit dem Wasser in einen Topf geben und aufkochen, dann zudecken und die Herdplatte ausschalten. 15 Minuten ausquellen lassen. Reis mit Essstäbchen lockern.
- Dämpfmethode: Den Reis waschen und in ein mit einem feuchten Tuch ausgelegtes Bambuskörbchen geben. In einen etwas grösseren Topf oder in einen Wok stellen. Wasser 1 bis 2 cm hoch einfüllen (der Reis darf auf keinen Fall im Wasser stehen). Das Körbchen mit einem passenden Deckel zudecken und den Reis bei kleiner Hitze 25 bis 35 Minuten quellen lassen.

Rösten (toasting oder dry roasting)

Durch Erhitzen werden Gewürze, Pasten usw. noch aromatischer und entfalten einen nussigen Geschmack.

- Gewürze separat (nacheinander) in einer trockenen Pfanne (ohne Öl) rösten, dabei öfter wenden, rühren oder schwenken, damit die Samen und Körner gleichmässig erhitzt werden. Sobald sie angenehm duften, die Pfanne von der Herdplatte ziehen und kurz weiterrühren. Die Gewürze auf einem Teller auskühlen lassen, denn die Pfanne bleibt noch einige Zeit heiss.
- Curryblätter in Öl rösten. Bei frischen Blättern aufpassen, dass das Öl nicht zu heiss ist und spritzt.

Rührbraten

Im Wok gehts am besten. Eine Bratpfanne mit hohem Rand aus Eisen oder Gusseisen, die gut auf der Herdplatte aufliegt, ist ebenfalls geeignet.

Wok oder Pfanne trocken erhitzen. Wenig Öl hineinträufeln und unter Schwenken und Drehen der Pfanne verteilen. Das vorbereitete fein geschnittene oder zerkleinerte Gargut in Portionen hineingeben. Bei grosser Hitze und unter ständigem Rühren mit langen Kochstäbchen oder einer Kelle braten. Oder wie es die Asiaten machen: Den Wok am Stiel halten und unter Schwenkbewegungen das Gargut abwechselnd in der Luft kühlen und in der Pfanne braten. Für Gemüse, Fisch, Fleisch, gekochten Reis, Nudeln und Hülsenfrüchte geeignet.

Searen (to sear = versengen, brennen)

Kurzes Grillieren oder Rührbraten, ohne zu rühren. Für Fleisch, Fisch und Meeresfrüchte mit kurzer Garzeit.

Bratpfanne oder Grillplatte trocken erhitzen. Mit wenig Öl bepinseln und das Gargut in Portionen, möglichst nebeneinander, auf die heisse Fläche geben. Je nach Dicke des Garguts sehr kurz, höchstens 1 bis 2 Minuten pro Seite, braten, bis die Oberfläche verschlossen ist und kein Saft mehr austreten kann. Dann herausnehmen und zugedeckt ziehen lassen. Kurz vor dem Servieren in die (Curry-)Sauce geben und heiss werden lassen. Übrigens: Die Inder nennen diese Methode *chamak*. Das Gargut wird mit heissem Ghee (eine Art Butterschmalz) übergossen.

Guinataan, Gulai, Rendang, Gaeng, Kaeng oder Keng, Korma, Vindaloo

Gerichte mit diesen Bezeichnungen sind auf den Philippinen, in Indonesien, in Thailand oder in Indien immer Zubereitungen, in reichlich cremiger Sauce, meist Kokosnuss, gekocht und mehr oder weniger scharf. Korma sind die mildesten Curries, Vindaloo bezeichnen die feurigsten.

Masseinheiten

Die Rezepte sind für 4 bis 6 Personen berechnet. Für grössere Tischrunden können die Mengen entsprechend vergrössert oder mehrere Curries mit verschiedenen Beilagen als Büffet serviert werden.

Wer mit Schärfe und Würze noch nicht so vertraut ist, beginnt erst mit der kleineren Mengenangabe. Das heisst, Gewürze möglichst abmessen, um Überraschungen zu vermeiden. Und beachten, dass der Geschmack sich erst beim Kochen entfaltet, vor allem die Schärfe. Das gilt für Chili wie für Pasten und Saucen. Ist ein Gericht zu scharf, kann man höchstens mit frisch geriebener Kokosnuss, Kokosnusscreme oder Joghurt nature ausgleichen.

EL	Esslöffel, gestrichen voll, 12–15 g
TL	Teelöffel, gestrichen voll, 5–6 g
Prise	Menge, die zwischen zwei Fingern Platz hat
ml	Milliliter, 100 ml = 10 cl = 1 dl
50 ml	ca. 3–4 EL
100 ml	ca. 6–7 EL

Würzmischungen und Pasten gibt es in guter Qualität zu kaufen. Die Auswahl ist in asiatischen Lebensmittelgeschäften sehr reichhaltig. Grossverteiler haben mittlerweile die gängigsten im Sortiment: Garam Masala, Madras-Curry und rote oder Panäng-Currypaste. Um Gewürze und Zutaten der Curryküche aufzubrauchen, sind Currymischungen genau das Richtige. Und wenn die Pulver und Pasten einmal gemacht sind, ist schnell gekocht. Die Zubereitung ist für alle dieselbe: Die trockenen Gewürze werden vor dem Mahlen geröstet, ebenso die Crevettenpaste, dann mit den restlichen fein geschnittenen oder gehackten Zutaten im Mörser sehr fein zerstossen oder im Cutter fein gehackt. Im Mörser kann man die Zutaten richtiggehend miteinander verreiben und die Mischung wird noch aromatischer – vor allem für Pasten zu empfehlen. Und damits leichter geht, mit wenig Öl oder Einweichwasser anfeuchten.

Grundrezept Currypulver

Indien

Für 100 g Pulver

6 getrocknete rote Chili
2–3 EL Koriandersamen
2 EL Kreuzkümmelsamen
1 TL Senfsamen
1 TL Fenugreeksamen
1 TL Fenchelsamen
1 TL schwarze Pfefferkörner
10 getrocknete Curryblätter
1 EL Kurkumapulver
1 TL Ingwerpulver

◆ Die Gewürze bis und mit Pfefferkörner nacheinander in einer Pfanne trocken rösten, bis sie gut riechen. Auf einem Teller auskühlen lassen. Mit den restlichen Gewürzen mischen, in einer Gewürzmühle, im Mörser oder Cutter fein mahlen.

Tipp:

Currypulver in einem gut verschliessbaren Gefäss dunkel und kühl aufbewahren. Das Pulver ist etwa 3 Monate haltbar, verliert aber schon nach 3 Wochen sein volles Aroma, deshalb nur in kleinen Mengen zubereiten.

Varianten:

◆ Für ein milderes Curry: Chili entkernen oder 2–3 Chili durch 5 cm Zimtstange und ½ TL Gewürznelken ersetzen. Zusammen mit den gerösteten Gewürzen mahlen.
◆ Für ein schärferes Curry: Die Chilimenge verdoppeln.

Garam Masala
Indien

Für 100 g Pulver

1–2 EL Kardamomkapseln
2–3 EL Koriandersamen
2 EL Kreuzkümmelsamen
1 TL schwarze Pfefferkörner
1 TL Fenchelsamen
1/2 TL Gewürznelken
10 cm Zimtstange, in Stücken
1/2 Muskatnuss

◆ Die Gewürze bis und mit Zimtstange nacheinander in einer Pfanne trocken rösten, bis sie gut riechen. Auf einem Teller auskühlen lassen. Die Kardamomsamen aus den Kapseln lösen. Mit den restlichen Gewürzen mischen, in einer Gewürzmühle, im Mörser oder Cutter fein mahlen. Muskatnuss dazureiben.

Tipp:
Garam Masala in einem gut verschliessbaren Gefäss aufbewahren. Innerhalb 1 Woche verbrauchen.

Ceylon-Currypulver
Sri Lanka

Für 100 g Pulver

6 getrocknete rote Chili oder 1 TL Chilipulver
4–5 EL Koriandersamen
3–4 EL Kreuzkümmelsamen
1 TL Fenchelsamen
1 TL Kardamomkapseln
1/2 TL Fenugreeksamen
1/2 TL schwarze Pfefferkörner
1/4 TL Senfsamen
1/4 TL Gewürznelken
2,5 cm Zimtstange, in Stücken
8 getrocknete Curryblätter

◆ Die Gewürze bis und mit Senfsamen nacheinander in einer Pfanne trocken rösten, bis sie sehr dunkel sind. Aufpassen, dass sie nicht verbrennen. Auf einem Teller auskühlen lassen. Mit den restlichen Gewürzen mischen, in einer Gewürzmühle, im Mörser oder Cutter fein mahlen.

Tipp:
Die Gewürzmischung in einem gut verschliessbaren Gefäss aufbewahren. Sie ist nur 2–3 Wochen haltbar, deshalb in kleinen Mengen zubereiten.

Notiz:
Indisches und ceylonesisches Curry haben fast die gleichen Zutaten, sind im Geschmack jedoch unterschiedlich: Durch das starke Rösten der Gewürze wird die Mischung stärker und voller im Aroma.

Rote Currypaste

Thailand

Für 100 g Paste

- 10 getrocknete rote Chili, entkernt
- 1 TL Koriandersamen
- 1 TL schwarze Pfefferkörner
- ½ TL Kreuzkümmelsamen
- 1 EL Crevettenpaste
- 6 rote Chili, entkernt, fein gehackt
- 3 cm frische Galgantwurzel, gehackt
- 4 Knoblauchzehen, gepresst
- 4 Schalotten, fein gehackt
- 8 Korianderwurzeln, fein gehackt
- 2 Zitronengrasstängel, nur der untere Teil, fein geschnitten
- 1 Kaffirlimette oder Limette, abgeriebene Schale
- 2 Kaffirlimettenblätter, Mittelrippe entfernt, fein geschnitten
- 1 EL Erdnussöl

◆ Die Gewürze bis und mit Kreuzkümmelsamen nacheinander in einer Pfanne trocken rösten, bis sie gut riechen. Auf einem Teller auskühlen lassen. In einer Gewürzmühle, im Mörser oder Cutter fein mahlen.

◆ Die Crevettenpaste flach drücken und in Alufolie wickeln. Unter Wenden 4 Minuten trocken rösten, auskühlen lassen.

◆ Die restlichen Zutaten mischen, im Mörser oder Cutter zu einer Paste zerstossen. Die Crevettenpaste und die gemahlenen Gewürze beifügen und weitermischen, bis die Paste glatt ist.

Tipps:

◆ Die Currypaste ist in einem gut verschliessbaren Gefäss im Kühlschrank 1 Woche haltbar oder kann tiefgekühlt werden: Esslöffelgrosse Portionen lose einfrieren, noch gefroren weiterverwenden.

◆ Schneller gehts, wenn gemahlene Gewürze verwendet werden. Frisch gemahlene Gewürze sind aber aromatischer.

Variante:

Korianderwurzeln durch 12 Korianderstängel ersetzen.

Notiz:

Rote Currypaste ist scharf und sehr würzig. Sie wird im Norden Thailands verwendet und passt zu Fleisch, Fisch und Gemüse, aber auch für Saucen, wie z. B. für die thailändische Curry-Erdnuss-Sauce, Rezept Seite 82.

Grüne Currypaste

Thailand

Für 100 g Paste

- 1 TL Koriandersamen
- ½ TL Kreuzkümmelsamen
- ½ TL schwarze Pfefferkörner
- 1 TL Crevettenpaste
- 8 grosse grüne Chili, entkernt, gehackt
- 2 Zitronengrasstängel, nur der untere Teil, fein geschnitten
- 3 Schalotten, fein gehackt
- 4 Knoblauchzehen, gepresst
- 3 cm frische Galgantwurzel, gehackt
- 8 Korianderzweige samt Wurzeln, gehackt
- 3 Kaffirlimettenblätter, Mittelrippe entfernt, fein geschnitten
- 1 Kaffirlimette oder Limette, abgeriebene Schale
- 2 EL Erdnussöl

◆ Zubereitung und Aufbewahrung wie rote Currypaste.

Tipp:

Für eine schärfere Paste die Chili nicht entkernen.

Notiz:

Grüne Curries sind jadefarben und sind die schärfsten der Thai-Curries. In Thailand werden die kleinen Bird's-eye-Chili samt Samen verwendet. Wir haben im Rezept die langen, etwas milderen Chili genommen.

Gelbe Currypaste

Thailand

Für 100 g Paste

1 EL Koriandersamen
1 EL Kreuzkümmelsamen
2 EL Crevettenpaste
6 getrocknete lange rote Chili, entkernt, 10 Minuten in Wasser eingeweicht
2–3 EL Currypulver
2–3 EL Kurkumapulver
2 Zitronengrasstängel, nur der untere Teil, fein geschnitten
4 Knoblauchzehen, gepresst
3 cm frische Ingwerwurzel, fein gehackt
6 Schalotten, fein gehackt
3 EL Chili-Einweichwasser

◆ Zubereitung und Aufbewahrung wie rote Currypaste, Seite 27.

Notiz:

Die gelbe Currypaste entspricht der westlichen Vorstellung von Curry: mild-cremig und wegen dem Currypulver und Kurkuma dem indischen Curry sehr ähnlich. Zitronengras, Crevettenpaste und rote Chili verleihen der Paste den Thai-Touch.

Panäng-Currypaste

Thailand

Für 100 g Paste

1 TL Koriandersamen
1 TL Kreuzkümmelsamen
1 TL Crevettenpaste
10 getrocknete lange rote Chili, entkernt, 10 Minuten in Wasser eingeweicht, fein gehackt
5 Schalotten, fein gehackt
2 Zitronengrasstängel, nur der untere Teil, gehackt
4 Knoblauchzehen, fein gehackt
3 cm frische Galgantwurzel, gehackt
6 Korianderwurzeln, gehackt
1 EL Fischsauce
2–3 EL ungesalzene Erdnüsse, geröstet
2–3 EL Erdnussöl

◆ Zubereitung und Aufbewahrung wie rote Currypaste, Seite 27.

Notiz:

Panäng ist eine Insel nahe der Westküste Malaysias, südlich Thailands. Die Beigabe von Erdnüssen zeigt den Einfluss der malaysischen Küche. Diese Paste hat eine ausgewogene Schärfe.

Masaman-Currypaste

Thailand

Für 100 g Paste

10 getrocknete lange rote Chili, entkernt
1 EL Koriandersamen
1 TL Kreuzkümmelsamen
5 Kardamomkapseln
5 Gewürznelken
6 weisse Pfefferkörner
1 Sternanis
5 cm Zimtstange
1 EL Crevettenpaste
6 Schalotten, gehackt
6 Knoblauchzehen, gehackt
2 cm frische Galgantwurzel, fein gehackt
1 Zitronengrasstängel, nur der untere Teil, gehackt
2 Kaffirlimetten oder 1 Limette, abgeriebene Schale
2 Kaffirlimettenblätter, Mittelrippe entfernt, fein geschnitten

◆ Zubereitung und Aufbewahrung wie rote Currypaste, Seite 27.

Tipp:

Statt ganzer Gewürze Pulver verwenden: 1 EL Koriander, je 1 TL Kreuzkümmel und Zimt, je ½ TL Kardamom und Sternanis, je ¼ TL Gewürznelken und weisser Pfeffer.

Notiz:

Das Aroma ist exotisch und von den typischen indischen Gewürzen dominiert – Kardamom, Gewürznelken und Zimt. Die Paste ist typisch für den Süden Thailands, wo die meisten Bewohner Moslems sind.

Rempah (Zwiebelpaste)

Malaysia

450 g Zwiebeln oder Schalotten, gehackt
4 Knoblauchzehen, gehackt
8 Zitronengrasstängel, nur der untere Teil, fein geschnitten
5 cm frische Galgantwurzel, gehackt
10 ungesalzene Candlenuts oder 20 Macadamianüsse
35 g Crevettenpaste
3–4 rote Chili
1 TL Kurkumapulver
½ TL Chilipulver
75 ml Maiskeim- oder Sonnenblumenöl

◆ Die Zwiebeln oder Schalotten fein pürieren. Den Knoblauch und die weiteren Zutaten bis und mit Chilipulver nach und nach dazugeben. Pürieren, bis die Paste feucht und gleichmässig ist.

◆ Die Zwiebelpaste im nicht zu heissen Öl unter Rühren dünsten, bis sich der strenge Eigengeschmack der Crevettenpaste mit den anderen Zutaten verbunden hat und sich das Öl oben absetzt. Von der Herdplatte ziehen und auskühlen lassen.

Tipp:

Rempah ist gut verschlossen im Kühlschrank 1 Woche haltbar oder in Portionen eingefroren etwa 3 Monate.

Notiz:

Rempah ist für Malaysier das, was rote und grüne Currypaste für die Thailänder ist: der Grundstein für alle Würzmöglichkeiten. Für Nichtasiaten ist es manchmal schwierig zu verstehen, dass es für jedes Gericht eine andere Paste braucht.

Gemüsecurry

Malaysia

400 g frischer fester Tofu
Erdnussöl zum Braten
1 Portion Rempah (malaysische Zwiebelpaste), Rezept Seite 29
4 EL Maiskeimöl
1 TL getrocknete Crevetten, grob gehackt
400 ml Kokosnussmilch
1 kleiner Blumenkohl, in Röschen zerteilt
300 g lange Bohnen, in 3 cm lange Stücke geschnitten
1 kleiner Chinakohl, in feine Streifen geschnitten
2–3 EL Korianderblättchen

◆ Den Tofu waagrecht halbieren. Zwischen Haushaltpapier sorgfältig alle Flüssigkeit auspressen. In Würfel schneiden. Portionenweise in Öl unter Wenden golden braten. Auf Haushaltpapier abtropfen lassen.
◆ Rempah im Öl 5 Minuten rührbraten, bis es gut riecht. Crevetten, Kokosnussmilch und Blumenkohl beifügen. Langsam aufkochen und 5 Minuten köcheln lassen. Die Bohnen dazugeben, 5 Minuten garen. Den Chinakohl locker darunter mischen und nur kurz erhitzen, bis er zusammenfällt.
◆ Den Tofu beifügen, heiss werden lassen. In Schalen oder tiefen Tellern anrichten. Mit Koriander garnieren.

Tipp:

Tofu ist in verschiedener Qualität erhältlich: Zum Braten den festeren verwenden, damit er nicht auseinander fällt.

Notiz:

In Malaysia sind rein vegetarische Gerichte selten. Crevetten, getrocknet oder als Paste, werden als Gewürz verwendet. VegetarierInnen lassen die beiden Zutaten einfach weg.

Scharfe Okras

Scharfe Okras

Indien

2 mittelgrosse Zwiebeln, fein gehackt
2 cm frische Ingwerwurzel, fein gehackt
2 Knoblauchzehen, gehackt
½ TL Kurkumapulver
1–2 EL geschälte Sesamsamen, hell geröstet
1 TL Salz
600 g feine Okras, frisch angeschnitten
2 EL Maiskeimöl
1 TL Korianderpulver
1 TL Chilipulver
½ TL Fenugreeksamen
½ TL Senfsamen
3 Curryblätter, gequetscht
2 rote Chili, entkernt, längs in feine Streifen geschnitten

◆ Die Zwiebeln bis und mit Salz im Cutter pastenähnlich mischen. Zugedeckt beiseite stellen.
◆ Die Okras im Öl 2 Minuten rührbraten. Mit einer Schaumkelle herausnehmen, auf Haushaltpapier abtropfen lassen und beiseite stellen. Die Zwiebelpaste im verbliebenen Bratfett 2 Minuten rührbraten. Die Gewürze und Curryblätter beifügen, 2 Minuten rührbraten, bis sie gut riechen. Darauf achten, dass die Gewürze nicht verbrennen.
◆ Die Okras darunter mischen und bei kleiner Hitze 5 Minuten köcheln lassen, bis sie knapp weich sind. Die Chili darüber streuen, 1–2 Minuten köcheln lassen und sofort servieren.

Tipps:

◆ Die Sesamsamen in einer beschichteten Pfanne bei mittlerer Hitze unter Rühren rösten. Rührt man nicht, verbrennen sie leicht und werden bitter.

◆ Mit indischem Fladenbrot als leichtes Mittag- oder Abendessen oder als Teil eines indischen Menüs servieren.

Notiz:

Die besten Okras sind höchstens 6–8 cm lang, hellgrün und ohne schwarze Stellen. Grosse lange Okras vor dem Braten quer halbieren.

Gemüse-Tofu-Curry

Indonesien

200 g frischer fester Tofu
90 ml Erdnussöl
4 Schalotten, fein geschnitten
2 grüne Chili, entkernt, fein geschnitten
2 Knoblauchzehen, gehackt
3 cm frische Ingwerwurzel, fein gehackt
1 Zitronengrasstängel, nur der untere Teil, fein geschnitten
1–2 EL Korianderpulver
1 EL Kreuzkümmelpulver
1 TL Kurkumapulver
1 TL Chilipulver
1 TL Crevettenpaste, nach Belieben
400 ml Kokosnussmilch
2 cm frische Galgantwurzel, in feine Scheiben geschnitten
2 mittelgrosse Kartoffeln, geschält, in 1,5 cm grosse Würfel geschnitten
150 g feine grüne Bohnen, gerüstet, in 3 cm lange Stücke geschnitten
½ Chinakohl, längs in feine Streifen geschnitten
150 g Sojabohnensprossen, blanchiert, gut abgetropft
2 rote Chili, schräg in Streifen geschnitten

◆ Den Tofu waagrecht halbieren. Zwischen Haushaltpapier sorgfältig alle Flüssigkeit auspressen. In Würfel schneiden. Portionenweise in Öl unter Wenden golden braten. Auf Haushaltpapier abtropfen lassen.
◆ In einer weiten Pfanne 2 EL Öl erwärmen. Die Schalotten bis und mit Zitronengras beifügen. Bei mittlerer Hitze 5 Minuten rührbraten, bis die Schalotten weich sind und der Knoblauch gut riecht. Gewürze und Crevettenpaste dazugeben, 1–2 Minuten rührbraten.
◆ Die Kokosnussmilch dazugiessen. Galgant und Kartoffeln beifügen. Aufkochen und 5–6 Minuten köcheln lassen. Die Bohnen dazugeben, weitere 7–8 Minuten köcheln lassen. Chinakohl und Sojabohnensprossen locker darunter mischen und nur noch kurz erhitzen, bis der Chinakohl zusammenfällt.
◆ Den Tofu sorgfältig darunter mischen. Abschmecken, mit Chili bestreuen und sofort servieren.

Tipp:

Reisnudeln (Vermicelli) passen am besten dazu: 200 g Nudeln in siedend heissem Wasser 5 Minuten quellen lassen. Abgiessen und gut abtropfen lassen. 1 EL Maiskeimöl beifügen, damit sie nicht zusammenkleben. Sofort servieren.

Tempeh-Curry

Thailand

250 g Tempeh, in 6 mm dicke Scheiben geschnitten
4 EL Erdnussöl
400 ml Kokosnussmilch
1–2 EL grüne Currypaste
1 Kaffirlimette, abgeriebene Schale
1 TL Palmzucker
2–3 EL Fischsauce
2 Kaffirlimettenblätter
6 Frühlingszwiebeln, schräg in 1 cm breite Stücke geschnitten
4–5 EL Korianderblätter
4–5 EL Thai-Basilikum-Blätter
2 rote Chili, in feine Streifen geschnitten

◆ Den Tempeh im Öl rührbraten, bis die Scheiben goldbraun und knusprig sind. Mit einer Schaumkelle herausnehmen und auf Haushaltpapier abtropfen lassen. Das Bratfett weggiessen.
◆ 200 ml Kokosnussmilch in der heissen Pfanne aufkochen. Die Currypaste und die Kaffirlimettenschale unter Rühren beifügen, bei kleiner Hitze köcheln lassen, bis es gut riecht. Zucker, Fischsauce, Kaffirlimettenblätter und die restliche Kokosnussmilch dazugeben, offen bei kleiner Hitze 10 Minuten ziehen lassen.
◆ Die Frühlingszwiebeln und den Tempeh beifügen, 5 Minuten köcheln lassen. Kräuter und Chili darüber streuen, sofort servieren.

Tipps:

◆ VegetarierInnen ersetzen die Fischsauce durch 1–2 EL helle Sojasauce.
◆ Das Tempeh-Curry auf gekochten Thai-Nudeln oder gedämpftem Jasminreis anrichten.

Cashew-Curry

Sri Lanka

300 g ungesalzene Cashewnüsse
700 ml Kokosnussmilch
2 mittelgrosse Zwiebeln, fein gehackt
2 Knoblauchzehen, gepresst
2 cm frische Ingwerwurzel, fein gerieben
1 Zitronengrasstängel, nur der untere Teil, längs halbiert
5 cm Zimtstange
2 grüne Chili, entkernt, fein gehackt
1 TL Kurkumapulver
½ TL Kreuzkümmelpulver
¼ TL Chilipulver
8 Curryblätter
2–3 EL Kokosnusscreme
Salz, Pfeffer
1 rote Chili, fein geschnitten

◆ Die Cashewnüsse in kaltem Wasser 1 Stunde quellen lassen. Dann abgiessen und gut abtropfen lassen.
◆ Die Kokosnussmilch bis und mit Curryblättern dazugeben, aufkochen und 15 Minuten köcheln lassen. Die Cashewnüsse beifügen und offen 30 Minuten köcheln lassen, bis sie weich sind. Die Kokosnusscreme dazugeben, mit Salz und Pfeffer abschmecken. Chili darüber streuen.

Tipps:

Dazu passt gut Reis.

Notiz:

Cashew-Curry wird in Sri Lanka mit frischen Nüssen zubereitet und entweder als vegetarisches Gericht oder als Beilage zu anderen Gerichten serviert.

Rotes Gemüsecurry

Thailand

- 1–2 EL rote Currypaste
- Maiskeim- oder Erdnussöl zum Braten
- 30 g Krachai, geschält, in feine Streifchen geschnitten
- 4 Kaffirlimettenblätter, in feine Streifen geschnitten
- 400 ml Gemüsebouillon
- 100 g lange Bohnen, in 3 cm lange Stücke geschnitten
- 4 kleine grüne Auberginen, geviertelt
- 100 g Baby-Maiskolben, schräg in Stücke geschnitten
- 100 g Karotten, geschält, in Streifchen geschnitten
- 100 g Sojabohnensprossen
- 2 grosse rote Chili, entkernt, fein gehackt
- 2–3 EL helle Sojasauce
- 1 TL Palm- oder Rohzucker
- 12 Blätter Heiliger Basilikum

◆ Die Currypaste in Öl 3 Minuten rührbraten. Krachai und Kaffirlimettenblätter beifügen. 200 ml Bouillon unter Rühren dazugiessen. Die Bohnen und Auberginen dazugeben, bei kleiner Hitze 5 Minuten köcheln lassen. Mais, Karotten, Sojabohnensprossen, Chili, Sojasauce und Zucker beifügen, nochmals 2–3 Minuten köcheln lassen, einmal sorgfältig umrühren. Den Basilikum darüber streuen und sofort servieren.

Tipp:

Krachai kann durch 2 cm frische Galgantwurzel, geschält und sehr fein geschnitten, ersetzt werden.

Variante:

Für ein gehaltvolleres und süsseres Curry die Gemüsebouillon durch Kokosnussmilch ersetzen.

Kürbis-Kokosnuss-Curry

Indien

- 2 mittelgrosse Zwiebeln, fein gehackt
- 2–3 EL Maiskeimöl
- 2 cm frische Ingwerwurzel, gerieben
- 1 Knoblauchzehe, gepresst
- ½ TL Fenchelsamen
- ½ TL Kreuzkümmelpulver
- ½ TL Korianderpulver
- 1 TL Kurkumapulver
- 4 Curryblätter
- 2 rote Chili, gehackt
- 500 g Kürbis, geschält, entkernt, in Würfel geschnitten
- ½ TL Senfsamen
- ¼ l Kokosnussmilch
- 125 ml Wasser
- Salz, Pfeffer
- 1–2 Korianderzweige

◆ Die Zwiebeln im Öl 5 Minuten glasig dünsten. Den Ingwer bis und mit Chili beifügen. Rührbraten, bis es gut riecht.

◆ Kürbis und Senfsamen dazugeben, 2 Minuten rührbraten. Kokosnussmilch und Wasser dazugiessen, aufkochen und offen 15 Minuten köcheln lassen. Nach Bedarf abschmecken. Mit Koriander garnieren und sofort servieren.

Tipps:

◆ Statt Wasser 375–400 ml Kokosnussmilch verwenden. Das Curry wird dadurch reichhaltiger.

◆ Mit indischem Fladenbrot als Vorspeise oder als Teil eines indischen Menüs servieren.

Rotes Gemüsecurry

Kartoffel-Tomaten-Curry

Indien

- 1 Zwiebel, fein gehackt
- 4–5 EL Maiskeimöl
- 2 cm frische Ingwerwurzel, gerieben
- 2 Knoblauchzehen, gepresst
- 1 EL Garam Masala
- 1 TL Chilipulver
- ½ TL Kurkumapulver
- ½ TL Kreuzkümmelpulver
- ¼ TL Kardamompulver
- 250 g Joghurt nature
- 75 ml Kokosnusscreme
- 1 TL Salz
- 400 g Kartoffeln, geschält, in 2 cm grosse Würfel geschnitten
- 3 mittelgrosse Tomaten, geschält, gehackt
- 5–6 EL grob gehackte Korianderblätter

◆ Die Zwiebel im Öl glasig dünsten. Ingwer und Knoblauch beifügen, 2 Minuten mitdünsten. Garam Masala bis und mit Kardamompulver dazugeben. Rührbraten, bis es gut riecht. Joghurt, Kokosnusscreme und Salz verrühren, dazugiessen und langsam heiss werden lassen.

◆ Die Kartoffeln beifügen und bei kleinster Hitze köcheln lassen, bis sie weich sind. Die Tomaten darunter mischen, weitere 5 Minuten köcheln lassen. Den Koriander darüber streuen und sofort servieren.

Tipp:

Dieses milde, cremige Curry als Gemüsebeilage oder als vollwertiges Gericht mit Reis und indischem Fladenbrot servieren.

Varianten:

◆ Mit Bohnen: 300 g Kartoffeln 10–12 Minuten köcheln lassen. 100 g grüne Bohnen, in Stücke geschnitten, dazugeben und 5 Minuten mitkochen, dann die Tomaten beifügen.

◆ Mit Okra: Statt Tomaten 250 g kleine Okras mit den Kartoffeln in die Sauce geben.

◆ Mit Blumenkohl: Kartoffeln durch Blumenkohlröschen ersetzen.

Bohnensprossen-Kerabu

Malaysia

- 8 rote Chili, gehackt
- 6 Schalotten, gehackt
- 2 Knoblauchzehen, gepresst
- 2 cm frische Ingwerwurzel, gehackt
- 1 Zitronengrasstängel, nur der untere Teil, fein gehackt
- 1 EL Crevettenpaste, nach Belieben
- 5–6 EL frisch geriebene Kokosnuss oder 4–5 EL Kokosnussraspel
- 4–5 EL Maiskeimöl
- 500 g frische Bohnensprossen
- Salz
- 2 rote Chili, schräg geschnitten
- 2 Kaffirlimettenblätter, fein geschnitten

◆ Die Chili bis und mit Crevettenpaste zu einer Paste zerdrücken, beiseite stellen. Die Kokosnuss in einer Pfanne trocken rösten, bis sie einen leichten Goldton hat. Auf einem Teller auskühlen lassen.

◆ Die Gewürzpaste im Öl bei mittlerer Hitze 7–8 Minuten rührbraten. Wenn die Paste zu trocken wird, 1–2 EL Wasser dazugiessen. Die Bohnensprossen darunter mischen, einige Minuten rührbraten, bis sie heiss sind. Die Kokosnuss dazustreuen. Nach Bedarf abschmecken. Mit Chili und Kaffirlimettenblättern garnieren.

Tipps:

◆ Für weniger Schärfe die Chili entkernen.

◆ Als Beilage zu anderen scharfen Gerichte oder kalt als Salat servieren.

Süsses Ananascurry

Malaysia

2 EL Koriandersamen
½ TL Kreuzkümmelsamen
¼ TL Fenchelsamen
¼ TL Kurkumapulver
¼ TL frisch gemahlener schwarzer Pfeffer
½ TL Chilipulver oder Cayennepfeffer
100 g Crevettenpaste
4 Schalotten, gehackt
6 Knoblauchzehen, gehackt
4 cm frische Ingwerwurzel, gehackt
900 ml Kokosnussmilch
3–4 EL Maiskeimöl
2 grosse reife Ananas, geschält, geviertelt, holziges Mark entfernt, das Fleisch in 2 cm grosse Stücke geschnitten
250 g Kokosnussraspel, hell geröstet
Salz, Pfeffer
wenig Zucker
2 rote Chili, fein geschnitten

◆ Koriander-, Kreuzkümmel- und Fenchelsamen nacheinander in einer Pfanne trocken rösten, auskühlen lassen. Mit den restlichen Gewürzen fein mahlen und beiseite stellen.
◆ Die Crevettenpaste mit Schalotten, Knoblauch, Ingwer und 100 ml Kokosnussmilch zu einer Paste rühren. Im Öl 5 Minuten rührbraten, bis sie gut riecht. Die Gewürzmischung dazustreuen und 1 Minute rührbraten. Die restliche Kokosnussmilch dazugiessen, unter Rühren aufkochen. Ananas und Kokosnuss beifügen. Unter Rühren 15 Minuten köcheln lassen, bis die Sauce sämig ist. Mit Salz, Pfeffer und Zucker abschmecken. Mit Chili bestreuen und sofort servieren.

Tipp:

Passt gut zu Huhn, Ente oder Schweinefleisch. Reis und Sambals dazu servieren.

Scharfe Kichererbsen

200 g getrocknete Kichererbsen, 8 Stunden eingeweicht
800 ml Wasser oder Bouillon
1 TL Kreuzkümmelsamen
1 TL Koriandersamen
1 grüne Chili, entkernt, fein gehackt
2,5 cm frische Ingwerwurzel, gehackt
2 Knoblauchzehen, gepresst
1 mittelgrosse Zwiebel, fein gehackt
2–3 EL Erdnussöl
1 TL Chilipulver
½ TL Kurkumapulver
4 Tomaten, enthäutet, gehackt
1 Zitrone, Saft
Salz, frisch gemahlener weisser Pfeffer
2 rote Chili, entkernt, fein geschnitten
4–5 EL Koriander- oder Minzenblättchen, gehackt

◆ Die Kichererbsen abgiessen. Mit frischem Wasser oder Bouillon aufkochen und zugedeckt bei kleiner Hitze 45–50 Minuten köcheln lassen. Abgiessen, 100–200 ml Kochwasser beiseite stellen.
◆ Die Kreuzkümmelsamen bis und mit Knoblauch zu einer Paste zerdrücken. Die Zwiebel im Öl glasig dünsten. Die Gewürzpaste beifügen, 3 Minuten rührbraten. Die Gewürze dazugeben und mitbraten. Tomaten, Kichererbsen, die Hälfte des Zitronensafts und 100 ml Kochwasser beifügen. 15 Minuten köcheln lassen, bis die Sauce dick eingekocht ist. Mit Salz, Pfeffer und dem restlichen Zitronensaft abschmecken. Mit Chili und Koriander oder Minze garnieren.

Tipp:

Als Teil einer indischen Mahlzeit oder lauwarm als Salat servieren.

Süsskartoffelcurry

1 EL Koriandersamen
1 TL Kreuzkümmelsamen
1 grosse Zwiebel, fein gehackt
2–3 EL Maiskeimöl
2 cm frische Ingwerwurzel, fein gehackt
1 Knoblauchzehe, gepresst
½ TL Kurkumapulver
½ TL Chilipulver
500 g Süsskartoffeln, geschält, in 2 cm grosse Würfel geschnitten
8 Curryblätter
¼ l Wasser oder Bouillon
Salz, Pfeffer

◆ Die Koriander- und Kreuzkümmelsamen nacheinander in einer Pfanne trocken rösten, bis sie gut riechen. Dann fein mahlen. Die Zwiebel im Öl glasig dünsten. Ingwer und Knoblauch beifügen und mitdünsten. Die Gewürze darüber streuen, 2–3 Minuten dünsten.
◆ Die Süsskartoffeln darunter mischen, bis sie mit den Gewürzen überzogen sind. Curryblätter und Wasser oder Bouillon dazugeben. 15–20 Minuten köcheln lassen, bis die Süsskartoffeln weich sind. Ab und zu rühren, damit es nicht anbrennt. Wenn nötig etwas Wasser dazugiessen. Mit Salz und Pfeffer abschmecken.

Tipp:
Als Gemüsebeilage zu indischen Gerichten servieren.

Auberginen-Masala
Indien

6–8 Baby-Auberginen mit Stiel oder
2 mittelgrosse Auberginen
1 EL Salz
3 mittelgrosse Zwiebeln, fein gehackt
3–4 EL Maiskeimöl oder Bratbutter
2 cm frische Ingwerwurzel, fein gerieben
2 Knoblauchzehen, gepresst
½ TL Kurkumapulver
½ TL Chilipulver
1 TL Garam Masala
2 grosse reife Tomaten, enthäutet, gehackt
Salz, schwarzer Pfeffer
3–4 EL gehackte Korianderblätter

◆ Die Baby-Auberginen 3- bis 4-mal bis zum Stielansatz einschneiden, grosse Auberginen quer in 1,5 cm dicke Scheiben schneiden. Die Schnittflächen salzen. Die Auberginen 20 Minuten stehen lassen, dann kurz spülen und gut trockentupfen.
◆ Die Zwiebeln in Öl oder Bratbutter glasig dünsten. Ingwer und Knoblauch beifügen, 2–3 Minuten mitdünsten. Die Gewürze dazustreuen, 1–2 Minuten rührbraten. Die Tomaten und Auberginen darunter mischen, bis sie mit den Gewürzen überzogen sind. Zugedeckt bei kleiner Hitze 25 Minuten schmoren lassen, ab und zu umrühren. Nach Bedarf abschmecken. Mit Koriander bestreuen.

Tipp:
Ein Curry mit wenig Saucenflüssigkeit – ideal, um es mit indischem Fladenbrot zu essen.

Auberginen-Masala

Panäng-Crevettencurry

Thailand

800 g mittelgrosse Crevettenschwänze, z. B. Tiger Prawns
1–2 EL Panäng-Currypaste
1 EL Erdnuss- oder Maiskeimöl
1 EL Erdnussbutter mit Stückchen (Crunchy Peanutbutter)
1 TL Palmzucker
3 Kaffirlimettenblätter
200 ml Kokosnussmilch
Salz

◆ Die Crevettenschwänze bis auf die Schwanzflosse schälen. Der Rundung entlang einschneiden und den Darmfaden entfernen. Die Crevetten zugedeckt kalt stellen.
◆ Die Currypaste im Öl bei mittlerer Hitze 3 Minuten rührbraten. Die Erdnussbutter beifügen, 2 Minuten unter Rühren mitbraten und darauf achten, dass die Mischung nicht anbrennt. Zucker, Kaffirlimettenblätter und Kokosnussmilch dazugeben. Aufkochen und 5 Minuten köcheln lassen.
◆ Die Crevetten sorgfältig darunter mischen, bis sie mit Sauce überzogen sind und 4–5 Minuten ziehen lassen, bis sie sich rosa verfärben. Nach Bedarf abschmecken und sofort servieren.

Tipp:
Mit gedämpftem Jasminreis servieren.

Notiz:
Im Handel sind geschälte Crevetten mit Schwanzflosse (tail-on) frisch oder tiefgekühlt erhältlich.

Panäng-Crevettencurry

Fischcurry

1 kg Fischfilets (ohne Haut), z. B. Thunfisch, Red Snapper, Makrele
3 lange rote Chili, entkernt, gehackt
1 grosse Zwiebel, gehackt
2 cm frische Ingwerwurzel, gehackt
4 Knoblauchzehen, gehackt
3–4 EL Maiskeimöl
4 Kardamomkapseln, gequetscht
4 Gewürznelken
5 cm Zimtstange
½ TL schwarze Pfefferkörner, grob zerstossen
1–2 EL Kreuzkümmelpulver
1 EL Korianderpulver
1 TL Kurkumapulver
1 TL Rohzucker
300 ml Kokosnussmilch
100 ml Wasser
Salz
2–3 EL Limettensaft

◆ Die Fischfilets in 2,5 cm grosse Würfel schneiden. Zugedeckt kalt stellen.
◆ Chili, Zwiebel, Ingwer und Knoblauch zu einer Paste zerdrücken. Im Öl bei mittlerer Hitze 5 Minuten rührbraten. Die Gewürze beifügen und 2 Minuten rührbraten, bis es gut riecht. Den Zucker darüber streuen, mit Kokosnussmilch und Wasser ablöschen, aufkochen und zugedeckt 30 Minuten köcheln lassen.
◆ Den Fisch dazugeben und bei kleiner Hitze 5–8 Minuten ziehen lassen. Je nach Fischsorte kann die Garzeit variieren: Der Fisch sollte nicht mehr glasig sein. Mit Salz und Limettensaft abschmecken.

Tipp:
Das Fischcurry mit gedämpftem Basmatireis servieren: Kurz vor dem Servieren reichlich frisch gehackten Koriander unter den Reis mischen.

Variante:

Für ein schärferes Curry die Chili nicht entkernen und zusätzlich 1 EL Chilipulver oder Chiliflocken beifügen.

Scharfe Crevetten

Malediven

500 g Crevettenschwänze
3 cm frische Ingwerwurzel, gehackt
2 Knoblauchzehen, gehackt
1–2 EL Kurkumapulver
2 EL Chilipulver
2–3 EL frisch gepresster Zitronensaft
2 mittelgrosse Zwiebeln, gehackt
4–5 EL Sesamöl
2 mittelgrosse Tomaten, enthäutet, gehackt
Salz
175 ml Kokosnussmilch
1 EL schwarze Pfefferkörner, grob zerstossen
3–4 EL grob gehackte Korianderblätter
einige Korianderzweige

◆ Die Crevettenschwänze schälen. Der Rundung entlang einschneiden und den Darmfaden entfernen. Zugedeckt kalt stellen.
◆ Den Ingwer bis und mit Zitronensaft zu einer Paste rühren. Die Zwiebeln im Öl glasig dünsten. Die Gewürzpaste beifügen, unter Rühren bei mittlerer Hitze 4 Minuten dünsten und darauf achten, dass die Mischung nicht anbrennt. Die Tomaten dazugeben, salzen und 5 Minuten köcheln lassen. Die Kokosnussmilch dazugiessen und alles nochmals 10 Minuten ziehen lassen.
◆ Die Crevetten darunter mischen, bis sie mit Sauce überzogen sind und 4–5 Minuten ziehen lassen, bis sie sich rosa verfärben. Pfeffer und Koriander darüber streuen. Mit Korianderzweigen garniert servieren.

Süsssaures Fischcurry

3 rote Chili, entkernt, gehackt
2 Zitronengrasstängel, fein geschnitten
3 grosse Knoblauchzehen, gehackt
5 cm frische Ingwerwurzel, gehackt
1 TL Salz
1 Limette, Saft
800 g Fischfilets, z. B. Red Snapper
3–4 EL Maiskeimöl
3 Schalotten, fein gehackt
½ TL Kurkumapulver
2–3 TL Palmzucker
125 ml Wasser, heiss
1 Tasse (¼ l) Heiliger Basilikum, abgezupfte Blätter

◆ Die Chili bis und mit der Hälfte des Limettensaftes zu einer Paste rühren.
◆ Die Fischfilets mit Haushaltpapier trockentupfen. Auf beiden Seiten mit der Paste bestreichen. In einem Glas- oder Porzellangefäss zugedeckt im Kühlschrank 30 Minuten marinieren.
◆ Eine beschichtete Bratpfanne mit Öl auspinseln. Die Paste von den Fischfilets streifen und mit dem ausgetretenen Saft beiseite stellen. Den Fisch portionenweise unter Wenden bei mittlerer Hitze rasch braten, so dass er noch leicht glasig ist. Warm stellen.
◆ Die Schalotten im verbliebenen Bratfett glasig dünsten. Das Kurkumapulver darüber streuen. Die Paste samt Saft darunter mischen und unter Rühren bei mittlerer Hitze 3 Minuten erhitzen, bis es gut riecht. Den Zucker dazugeben, mit Wasser ablöschen und 5 Minuten köcheln lassen. Wenn nötig etwas mehr Wasser dazugeben. Nach Bedarf mit dem restlichen Limettensaft abschmecken.

◆ Die Sauce über den Fisch verteilen. Mit reichlich Basilikum bestreuen und sofort servieren.

Tipp:

Statt Red Snapper Schwertfisch- oder Thunfischsteaks verwenden. Zum Braten sind Fische mit festem Fleisch geeignet.

Fischcurry aus Goa

Indien

750 g Brachsenmakrelenfilets (Pomfret), enthäutet
2–3 EL frisch gepresster Zitronensaft
2–3 EL Koriandersamen
1–2 EL Kreuzkümmelsamen
12 getrocknete rote Chili, entkernt
3 Knoblauchzehen, ganz
2,5 cm frische Ingwerwurzel, gehackt
2 EL Kurkumapulver
2 mittelgrosse Kokosnüsse, frisch gerieben
1–2 EL Wasser, heiss
2 mittelgrosse Zwiebeln, fein gehackt
2–3 EL Maiskeimöl
1–2 EL Tamarindenextrakt
4 grüne Chili, längs halbiert, entkernt
Salz, Pfeffer

◆ Die Fischfilets in eine Glas- oder Porzellanform legen. Mit dem Zitronensaft beträufeln und zugedeckt im Kühlschrank 1 Stunde ziehen lassen.
◆ Die Koriander- und Kreuzkümmelsamen nacheinander in einer Pfanne trocken rösten, bis sie gut riechen. Auskühlen lassen.
◆ Chili, Knoblauch, Ingwer, Kurkumapulver und die gerösteten Gewürze im Cutter zerkleinern. Die Kokosnuss nach und nach beifügen. Mit Wasser anfeuchten und zu einer Paste mischen.
◆ Die Zwiebeln im Öl glasig dünsten. Den Tamarindenextrakt dazugeben und bei mittlerer Hitze 8–10 Minuten dünsten, ab und zu rühren. Chili und Kokosnusspaste beifügen und weitere 20 Minuten dünsten. Den Fisch samt Saft dazugeben, bei kleiner Hitze 5–10 Minuten ziehen lassen. Wenn die Sauce zu dickflüssig ist, mit etwas Wasser verdünnen. Mit Salz und Pfeffer abschmecken.

Variante:

Statt Brachsenmakrele Makrele, Kabeljau, Dorsch oder Schellfisch verwenden.

Notiz:

Diese Art von Fischcurry ist in Goa sehr beliebt. Die Bewohner von Goa sind entweder Fischer oder Bauern: Fisch ist einfach und immer frisch erhältlich. Und Kokosnuss gehört zu den meistverwendeten Zutaten der Goa-Küche.

Tandooristyle Fish Tikka

Indien

800 g Fischfilets, z. B. Kabeljau, Dorsch
2–3 EL frisch gepresster Zitronensaft
100 g Joghurt nature
2–3 EL Maiskeimöl
1–2 EL Chilipulver, z. B. aus Kaschmir
1/4 TL Macispulver
1/4 TL gemahlene Muskatnuss
1/4 TL Zimtpulver
1 TL Ajowansamen, gequetscht
1 TL Senfpulver
1 TL frisch gemahlener weisser Pfeffer
1 TL Kurkumapulver
Salz
1 mittelgrosse Zwiebel, sehr fein geschnitten
1 Zitrone, in Schnitze geschnitten

◆ Die Fischfilets in 2,5 cm grosse Würfel schneiden. In einer Lage in ein ofenfestes Glas- oder Porzellangefäss geben. Mit dem Zitronensaft beträufeln und zugedeckt im Kühlschrank 30 Minuten marinieren.
◆ Den Joghurt bis und mit Kurkumapulver verrühren. Über den Fisch verteilen und darauf achten, dass er damit vollständig bedeckt ist. Zugedeckt im Kühlschrank 1 Stunde marnieren.
◆ Den Fisch salzen und samt der Marinade in der Mitte des auf 190 Grad vorgeheizten Backofens 15–20 Minuten überbacken, bis er knapp gar und nicht mehr glasig ist. Mit Zwiebeln und Zitronenschnitzen servieren.

Variante:

Schmeckt auch gut mit Seeteufel (Lotte/Baudroie).

Seeteufelcurry

600 g Seeteufel (Lotte, Baudroie) vom Schwanzstück, enthäutet, in 2,5 cm dicke Scheiben geschnitten
4 Limetten, Saft
1 kleine Kokosnuss, frisch gerieben
3 rote Chili
7 schwarze Pfefferkörner
1/2 TL Kreuzkümmelsamen
1 TL Kurkumapulver
4 cm frische Ingwerwurzel, gerieben
2 Knoblauchzehen, ganz
1 EL Koriandersamen
1 1/2 TL Tamarindenpaste, mit 2 EL Wasser angefeuchtet
3–4 EL Erdnussöl
2 Stängel Stangensellerie, grob geschnitten
3 Bananen, geschält, in Stücke geschnitten
3 Äpfel, geschält, halbiert, Kerngehäuse entfernt, grob geschnitten
1 grosse Zwiebel, fein gehackt
2 lange Chili, fein gehackt
12 Curryblätter
1 EL Garam Masala
600 ml Fischfond, frisch oder tiefgekühlt
Salz, frisch gemahlener weisser Pfeffer

◆ Den Fisch in ein Glas- oder Porzellangefäss geben. Mit dem Limettensaft beträufeln und zugedeckt im Kühlschrank 1 Stunde marinieren.
◆ Die Kokosnuss bis und mit Tamarindenpaste mischen. Mit 1 EL Öl anfeuchten und zu einer Paste rühren. Zugedeckt beiseite stellen.
◆ Sellerie, Bananen und Äpfel fein pürieren. Zugedeckt beiseite stellen.
◆ Die Zwiebel im restlichen Öl glasig dünsten. Chili, Curryblätter, Garam Masala und die Kokosnusspaste dazumischen und 7 Minuten dünsten. Mit 400 ml Fischfond ablöschen, aufkochen und bei kleiner Hitze 10 Minuten ziehen lassen.

◆ Das Gemüse- und das Fruchtpüree unter Rühren dazugeben, nochmals aufkochen und 10 Minuten köcheln lassen. Wenn nötig etwas Fischfond nachgiessen. Den Fisch in die Sauce geben und 10 Minuten köcheln lassen, bis er knapp gar ist. Nach Bedarf abschmecken und sofort servieren.

Varianten:

◆ Für dieses Gericht weissen festfleischigen Fisch verwenden, z. B. Snapper, Dorsch, Kabeljau, Schellfisch oder Heilbutt.

◆ Die Sauce mit Hühner- oder Gemüsebouillon zubereiten und zu pochierten Hühnerbrüstchen servieren.

Scharfwürzige Fischspiesschen

Für 8 Bambusspiesschen, ca. 15 cm lang

700 g Fischfilets, z. B. Seeteufel, Heilbutt, Schellfisch, Dorsch oder Kabeljau
24 mittelgrosse Crevettenschwänze
1 EL Koriandersamen
1 EL Kreuzkümmelsamen
1 TL schwarze Pfefferkörner
2 grüne Chili, entkernt, fein gehackt
2,5 cm frische Ingwerwurzel, fein gehackt
2 Knoblauchzehen, gehackt
1 TL Kurkumapulver
60 g Joghurt nature
Salz, frisch gemahlener weisser Pfeffer
50 g Butter, flüssig
2 Zitronen oder Limetten, halbiert

◆ Die Fischfilets in 2,5 cm grosse Würfel schneiden (sollte ca. 32 Stück ergeben). Die Crevettenschwänze schälen, der Rundung entlang einschneiden und den Darmfaden entfernen. Fisch und Crevetten in ein Glas- oder Porzellangefäss geben. Die Bambusspiesschen in kaltem Wasser quellen lassen.

◆ Koriander-, Kreuzkümmelsamen und Pfefferkörner nacheinander trocken rösten, bis sie gut riechen. Auskühlen lassen.

◆ Chili, Ingwer, Knoblauch, Kurkuma, Joghurt und die gerösteten Gewürze zu einer Paste rühren. Über den Fisch und die Crevetten verteilen. Zugedeckt im Kühlschrank 4 Stunden marinieren.

◆ Je 4 Fischwürfel und 3 Crevetten auf die Spiesschen stecken. Mit Salz und Pfeffer würzen. Den Grill oder eine Grillpfanne erhitzen und die Fischspiesschen auf jeder Seite 2–3 Minuten grillieren, öfter mit Butter bepinseln. Mit Zitronen oder Limetten servieren.

Pickled Fish
Südafrika

800 g Fischfilets, z. B. Schwertfisch oder Barracuda (Pfeilhecht)
1 EL Koriandersamen
1 EL Kreuzkümmelsamen
2 grosse Zwiebeln, fein geschnitten
2–3 EL Sonnenblumenöl
2 cm frische Ingwerwurzel, fein gehackt
1 EL Garam Masala
1 TL Kurkumapulver
¼ TL Cayennepfeffer
6 schwarze Pfefferkörner, grob zerstossen
3 Kaffirlimetten- oder frische Lorbeerblätter, gequetscht
50 g Rohzucker
50 g Aprikosenmarmelade
300 ml Weissweinessig
200 ml Wasser
Salz, Pfeffer
je 1 rote und grüne Chili, entkernt, fein geschnitten
20 Korianderblättchen

◆ Die Fischfilets in feine Scheiben oder in Würfel schneiden. Zugedeckt kalt stellen.
◆ Die Koriander- und Kreuzkümmelsamen nacheinander trocken rösten, dann fein mahlen. Die Zwiebeln im Öl glasig dünsten. Den Ingwer beifügen und 1 Minute dünsten. Garam Masala, Kurkuma, Cayenne, Pfefferkörner sowie die gemahlenen Gewürze dazugeben und 1 Minute rührbraten. Die Kaffirlimetten- oder Lorbeerblätter, Zucker und Aprikosenmarmelade darunter mischen. Essig und Wasser unter Rühren dazugiessen und alles 15 Minuten bei kleiner Hitze ziehen lassen.
◆ Den Fisch mit Salz und Pfeffer würzen. In die Sauce geben und darauf achten, dass er mit Sauce bedeckt ist, 10 Minuten ziehen lassen. Auskühlen lassen, dann zugedeckt im Kühlschrank 2 Tage ziehen lassen.
◆ 30 Minuten vor dem Servieren herausnehmen und Raumtemperatur annehmen lassen. Mit Chili und Koriander garnieren.

Tipps:
◆ Dieses Gericht kann auch heiss serviert werden: Langsam erhitzen, damit der Fisch nicht zerfällt.
◆ Wird in Südafrika mit frischem dunklem Brot serviert.

Notiz:
Südafrika hat eine grosse indisch-malaysische Population. Der Einfluss ist auch in der Küche zu spüren und gehört zur südafrikanischen Esskultur.

Weisses Fischcurry
Sri Lanka

1 EL Fenugreeksamen
1 EL Kurkumapulver
1 EL Salz
700 g festfleischige Fischfilets, z. B. Schwertfisch
1 grosse Zwiebel, fein geschnitten
2–3 EL Maiskeimöl
2 Knoblauchzehen, gepresst
12 Curryblätter
¼ l Kokosnussmilch
etwas Zitronensaft

◆ Die Fenugreeksamen in lauwarmem Wasser 30 Minuten einweichen.
◆ Das Kurkumapulver mit 1½ TL Salz mischen. Den Fisch damit würzen.
◆ Die Zwiebel im Öl glasig dünsten. Knoblauch, Curryblätter und Fenugreeksamen beifügen und 2–3 Minuten dünsten. Die Kokosnussmilch und das restliche Salz dazu-

geben, 5 Minuten köcheln lassen. Den Fisch in die Sauce geben und bei kleiner Hitze 10 Minuten ziehen lassen. Mit Zitronensaft abschmecken.

Tipp:

Dazu Reis und Sambals servieren.

Notiz:

Wenn man in Sri Lanka jemanden fragt, ob er gegessen habe, heisst das wörtlich übersetzt: Haben Sie Reis gegessen?

Curries gehören in Sri Lanka zu jeder Mahlzeit. Normalerweise sind sie nicht nach der Hauptzutat benannt, sondern nach den Gewürzen, der Kochmethode oder der Farbe. Weisse Curries sind mild und haben nicht sehr viel Sauce.

Rotes Calamari-Curry

Sri Lanka

- 2 grosse Zwiebeln, fein gehackt
- 2–3 EL Maiskeimöl
- 2 Knoblauchzehen, fein gehackt
- 1 EL Salz
- 1 EL Paprikapulver
- ½ TL Chilipulver
- ¼ TL Kurkumapulver
- 1 TL Crevettenpaste
- 1 EL Tomatenpüree
- 1 EL Rohzucker
- 125 ml Wasser
- 700 g kleine Calamari, gesäubert, in Ringe geschnitten

◆ Die Zwiebeln im Öl glasig dünsten. Den Knoblauch beifügen und mitdünsten, bis die Zwiebeln leicht Farbe annehmen. Die Gewürze dazustreuen und 1–2 Minuten rührbraten. Crevettenpaste und Tomatenpüree dazugeben und weitere 3 Minuten rührbraten. Zucker und Wasser beifügen und alles zugedeckt 5 Minuten köcheln lassen.

◆ Die Calamari in die Sauce geben und offen 7 Minuten köcheln lassen, bis sie weich sind und die Sauce sämig eingekocht ist.

Tipp:

Dazu Reis und Sambals servieren.

Variante:

Statt Calamari Crevetten verwenden.

Notiz:

Dieses Curry hat nicht viel Sauce und eine kräftige braunrote Farbe.

Curryfisch im Bananenblatt

Thailand

10 Schalotten oder 2 Zwiebeln, fein gehackt
1 EL Maiskeimöl
1 EL rote Currypaste
8 Korianderwurzeln, geschabt, fein geschnitten
2 Knoblauchzehen, gepresst
3 cm frische Ingwerwurzel, gerieben
2 rote Chili, entkernt, fein gehackt
75 ml Kokosnussmilch oder Fischfond
1 TL Rohzucker
1 EL Fischsauce
4 Fischfilets, je 150 g, z. B. Red Snapper, Heilbutt, Dorsch
1–2 Bananenblätter, in 4 Stücke (40 x 30 cm) geschnitten
2 Limetten, in je 4 Scheiben geschnitten
8 Zweige Heiliger Basilikum

◆ Die Schalotten oder Zwiebeln im Öl glasig dünsten. Die Currypaste beifügen und 2–3 Minuten dünsten, bis sie fein riecht. Koriander, Knoblauch, Ingwer und Chili dazugeben, 2–3 Minuten dünsten. Mit Kokosnussmilch oder Fischfond ablöschen. Mit Zucker und Fischsauce abschmecken. Bei kleiner Hitze 5 Minuten köcheln lassen. Auskühlen lassen.

◆ Den Fisch mit der Currymischung bestreichen und zugedeckt 30 Minuten kalt stellen. Die Bananenblätter kurz blanchieren, bis sie biegsam sind. Kalt abschrecken und gut abtropfen lassen. Je 2 Limettenscheiben und 2 Basilikumzweige auf die Blätter verteilen. Den Fisch samt Saft darauf legen, die Seiten einschlagen und den Fisch satt einwickeln. Mit Zahnstochern fixieren. In der Mitte des auf 200 Grad vorgeheizten Backofens 10 Minuten backen. Sofort servieren.

Tipps:

◆ Statt Bananenblätter Alufolie nehmen: Dies ist kein wirklicher Ersatz, weil die Blätter einen feinen Geschmack abgeben. Die «Päckchen» können 2 Stunden im Voraus vorbereitet werden.

◆ Dazu passt Zitronenreis mit reichlich frisch gehacktem Koriander.

Variante:

Dieses Gericht kann gut auf dem Grill zubereitet werden: Auf dem Grillrost nicht zu nahe an der Glut unter Wenden garen.

Mulligatawny
Indien

1 TL schwarze Pfefferkörner
4 Gewürznelken
3 cm Zimtstange
1 TL Koriandersamen
½ TL Kreuzkümmelsamen
¼ TL Fenugreeksamen
1 ¼ l Gemüsebouillon oder Wasser
70 g rote Linsen, gespült
70 g gelbe Linsen, gespült
1 Apfel, geviertelt
1 cm frische Ingwerwurzel, fein gehackt
6 Curryblätter
1–2 TL Kurkumapulver
½ TL Chilipulver
Salz, Pfeffer
1 EL Zitronensaft
frisch gehackter Koriander

◆ Die Gewürze bis und mit Fenugreeksamen grob zerstossen.
◆ In einem weiten Topf Bouillon oder Wasser bis und mit Chilipulver sowie den zerstossenen Gewürzen aufkochen. Zugedeckt bei kleiner Hitze 30–35 Minuten köcheln lassen, bis die Linsen weich sind. Von der Herdplatte ziehen und leicht abkühlen lassen. Dann durch ein Sieb passieren, gut ausdrücken und die Rückstände wegwerfen.
◆ Die Suppe erneut aufkochen. Je nach Konsistenz falls nötig mit Bouillon oder Wasser verdünnen. Mit Salz, Pfeffer und Zitronensaft abschmecken.
◆ Die Suppe in vorgewärmten Schalen oder Tassen anrichten, mit Koriander garnieren.

Tipp:
Traditionell wird die Suppe mit Basmatireis serviert: Reis in die Mitte der Schalen oder Tassen häufen, dann mit heisser Suppe aufgiessen. Als Vorspeise oder Hauptgericht servieren.

Kalte scharfe Kokosnusssuppe
Mauritius

1 grosse Zwiebel, fein gehackt
50 g Butter
2–3 EL Currypulver
1 kleine grüne Papaya, geschält, entkernt, fein geschnitten
¼ l Hühner- oder Gemüsebouillon
¼ l Kokosnussmilch
120 g frische Kokosnuss, gerieben
250 g Joghurt nature oder Doppelrahm
Salz, frisch gemahlener weisser Pfeffer

◆ Die Zwiebel in der Butter glasig dünsten, ohne Farbe annehmen zu lassen. Das Currypulver beifügen, unter Rühren 3 Minuten dünsten. Papaya, Bouillon und Kokosnussmilch dazugeben, 5 Minuten köcheln lasen, bis die Papaya weich ist.
◆ Die Kokosnuss darunter mischen. Mit Joghurt oder Doppelrahm im Mixer fein pürieren. Mit Salz und Pfeffer abschmecken. Vor dem Servieren zugedeckt 2 Stunden kalt stellen.

Tipp:
Als leichtes Sommergericht oder sommerliche Vorspeise servieren.

Notiz:
Grüne Papaya, auch als Pawpaw oder Papaw bekannt, ist in Zentral- und Südamerika sowie Asien sehr beliebt. Die Frucht wird unreif für pikante Gerichte verwendet. Dann ist das Fleisch weiss-grünlich und

Mulligatawny

neutral im Geschmack. Mit zunehmender Reife wechselt die Farbe zu Gelb bis Orange und die Frucht wird immer süsser – zum Rohessen oder für Fruchtsalate.

◆ Die Suppe kann gut im Voraus zubereitet werden und wird so aromatischer, weil die Gewürze ihr Aroma entfalten können. Die Karottenstreifchen erst beim Aufwärmen beifügen.

Karottensuppe mit rotem Curry

4 Schalotten, fein gehackt
1 EL Erdnussöl
1–2 EL rote Currypaste
2 cm frische Ingwerwurzel, fein geschnitten
5 grosse Karotten, geschält, in Scheiben geschnitten
1 l Gemüsebouillon
90 ml Kokosnussmilch
Salz, frisch gemahlener Pfeffer
1 Frühlingszwiebel, in Streifchen geschnitten
1 rote Chili, entkernt, in feine Streifen geschnitten
2–3 EL Korianderblättchen
1–2 EL grob gehackte Thai-Basilikum-Blätter

◆ Die Schalotten im Öl rührbraten, bis sie leicht Farbe annehmen. Die Currypaste beifügen, 3 Minuten rührbraten. Ingwer und Karotten dazugeben und nochmals 5 Minuten rührbraten. Mit Bouillon und Kokosnussmilch ablöschen, umrühren, aufkochen und bei kleiner Hitze 15 Minuten köcheln lassen. Dann im Mixer fein pürieren.
◆ Die Suppe erneut aufkochen. Mit Salz und Pfeffer abschmecken. In vorgewärmten Schalen oder Tassen anrichten. Mit Frühlingszwiebeln, Chili, Koriander und Basilikum bestreuen und sofort servieren.

Tipps:
◆ Zusätzlich 1 Karotte in feine Streifchen schneiden und nach dem Pürieren beifügen, 3 Minuten köcheln lassen.

Kokosmilchsuppe mit Huhn, No. 1

Thailand

2,5 cm frische Galgantwurzel, fein gehackt
2 Zitronengrasstängel, der untere Teil in 2 cm lange Stücke geschnitten
3 Kaffirlimettenblätter
2–3 EL Fischsauce
45 ml frisch gepresster Limettensaft
800 ml Kokosnussmilch
200 g Hühnerbrüstchen, in 1 cm breite Streifen geschnitten
5 rote Chili, fein gehackt
3–4 EL frisch gehackte Korianderblättchen

◆ Die Zutaten bis und mit 400 ml Kokosnussmilch in einem Topf unter Rühren aufkochen. Hühnerfleischstreifen, Chili und die restliche Kokosnussmilch beifügen. Bei kleiner Hitze 10 Minuten ziehen lassen, bis das Fleisch gar ist.
◆ Die Suppe in vorgewärmten Schalen oder Tassen anrichten. Mit Koriander garnieren.

Variante:
Hühnerbrüstchen durch Crevettenschwänze ersetzen: Dann von Anfang an die gesamte Menge Kokosnussmilch erhitzen. Die Crevetten beifügen und höchstens 5 Minuten ziehen lassen, bis sie sich rosa verfärben.

Kokosmilchsuppe mit Huhn, No. 2

Thailand

5 cm frische Ingwerwurzel, gehackt
3 Knoblauchzehen, gehackt
½ TL schwarze Pfefferkörner
7 Korianderwurzeln, geschabt
2 Zitronengrasstängel, fein geschnitten
3 Schalotten, fein gehackt
800 ml Kokosnussmilch
1 EL rote Currypaste
2 Hühnerbrüstchen, schräg in feine Scheiben geschnitten
3–4 EL Limettensaft
3–4 EL Fischsauce
3 Kaffirlimettenblätter, in feine Streifen geschnitten
2 rote Chili, entkernt, fein geschnitten
3–4 EL grob gehackte Korianderblätter

◆ Die Zutaten bis und mit Schalotten zu einer Paste zerstossen. Mit einigen Tropfen Kokosnussmilch anfeuchten, damit sie homogener wird.

◆ 200 ml Kokosnussmilch mit der Curry- und der Ingwerpaste unter Rühren aufkochen, bei kleiner Hitze 5 Minuten köcheln lassen. Die Hühnerfleischstreifen, die restliche Kokosnussmilch, Limettensaft und Fischsauce beifügen. Aufkochen und bei kleiner Hitze 10 Minuten ziehen lassen, bis das Fleisch gar ist.

◆ Die Suppe in vorgewärmten Schalen oder Tassen anrichten. Mit Kaffirlimettenblättern, Chili und Koriander bestreuen. Sofort servieren.

Tipp:

Die Ingwerpaste einen Tag im Voraus zubereiten und zugedeckt im Kühlschrank aufbewahren. So ist die Suppe noch schneller zubereitet.

Variante:

Hühnerbrüstchen durch Crevettenschwänze ersetzen: Dann von Anfang an die gesamte Menge Kokosnussmilch erhitzen. Die Crevetten beifügen und höchstens 5 Minuten ziehen lassen, bis sie sich rosa verfärben.

Erdnusssuppe mit Schweinefleisch

Thailand

2 Knoblauchzehen, gehackt
2 cm frische Ingwerwurzel, gehackt
½ TL schwarze Pfefferkörner
4 Schalotten, fein gehackt
1 EL Erdnussöl
1 EL grüne Currypaste
200 g Schweinefilet, schräg in dünne Scheiben geschnitten
60 g ungesalzene Erdnüsse, grob gehackt
1 l Hühnerbouillon
1–2 EL Fischsauce
4 Frühlingszwiebeln, schräg fein geschnitten
2–3 EL grob gehackte Korianderblätter
1 rote Chili, entkernt, schräg fein geschnitten
4 Korianderzweige

◆ Knoblauch, Ingwer und Pfefferkörner zu einer Paste zerstossen. Die Schalotten im Öl braten, bis sie leicht Farbe annehmen. Knoblauch- und Currypaste beifügen und bei mittlerer Hitze 3–4 Minuten rührbraten. Das Fleisch dazugeben, 2–3 Minuten rührbraten, bis es die rote Farbe verloren hat. 50 g Erdnüsse darunter mischen. Mit der Bouillon ablöschen. Bei kleiner Hitze 10–12 Minuten ziehen lassen. Die restlichen Erdnüsse kurz rösten und beiseite stellen.

◆ Die Fischsauce und die Frühlingszwiebeln in die Suppe geben, 2 Minuten köcheln lassen. Den Koriander darüber streuen und sofort in vorgewärmten Schalen oder Tassen anrichten. Mit Chili, Korianderzweigen und den gerösteten Erdnüssen garnieren.

Varianten:

◆ Statt Schweinefleisch 2–3 Hühnerbrüstchen verwenden (schräg in feine Streifen geschnitten).

◆ Gehaltvoller: 200 g feine Glasnudeln in siedend heissem Wasser 5 Minuten quellen lassen. Abgiessen, gut abtropfen lassen und in vorgewärmten Schalen oder Tassen anrichten. Mit heisser Suppe übergiessen und garnieren.

Laksa Lemak

Malaysia

220 g feine Reisnudeln (Vermicelli)
400 g Riesencrevetten (Tiger Prawns), in der Schale
3–4 EL Maiskeimöl
¾ l Wasser
1 Portion Rempah, Rezept Seite 29
100 g getrocknete Crevetten, grob gehackt
½ l Kokosnussmilch
Salz
175 g Sojabohnensprossen, kurz blanchiert
1–2 EL Korianderblätter
1–2 EL Minze oder Heiliger Basilikum, abgezupfte Blätter
4 Frühlingszwiebeln, fein geschnitten
2 rote Chili, entkernt, fein geschnitten

◆ Die Nudeln in siedend heissem Wasser 5 Minuten quellen lassen. Abgiessen und gut abtropfen lassen. Die Crevettenschwänze aus der Schale lösen. Der Rundung entlang einschneiden und den Darmfaden entfernen.

◆ Die Crevettenschalen in 2 TL Öl unter Wenden braten, bis sie sich rosa verfärben. Mit Wasser ablöschen, aufkochen und bei kleiner Hitze 10 Minuten köcheln lassen. Durchsieben und den Crevettenfond auffangen; es sollte etwa 600 ml ergeben.

◆ Das Rempah im restlichen Öl unter Rühren erhitzen. Die getrockneten Crevetten beifügen, 2 Minuten rührbraten. Mit dem Crevettenfond aufgiessen und bei kleiner Hitze 30 Minuten ziehen lassen. Die Crevetten und die Kokosnussmilch dazugeben, würzen und 5 Minuten köcheln lassen, bis die Crevetten knapp gar sind.

◆ Nudeln und Sojabohnensprossen in vorgewärmte Schalen oder Bowlen verteilen. Die Suppe darüber giessen. Mit Kräutern, Frühlingszwiebeln und Chili garnieren. Sofort servieren.

Laksa Lemak

Ente mit Kokosnuss Madrasstyle

Indien

600 g Entenbrust, nach Belieben enthäutet, in 3 cm breite Streifen geschnitten
1 TL Salz
4 rote Chili, fein gehackt
2 Knoblauchzehen, gepresst
2 cm frische Ingwerwurzel, gerieben
½ TL Fenugreeksamen, geröstet
2–3 EL Kreuzkümmelpulver
1 TL Kurkumapulver
2–3 EL Bratbutter
2 mittelgrosse Zwiebeln, fein geschnitten
¼ l Kokosnussmilch
100 g ungesalzene Cashew- oder Walnüsse
2–3 EL Kokosnusscreme

◆ Die Entenbruststreifen mit einer Gabel mehrmals einstechen, salzen und zugedeckt 10 Minuten stehen lassen. Chili, Knoblauch, Ingwer und Fenugreeksamen zu einer Paste zerdrücken. Die Gewürze dazumischen.

◆ Das Fleisch portionenweise in der Bratbutter unter Wenden anbraten. Auf Haushaltpapier abtropfen lassen.

◆ Die Zwiebeln im verbliebenen Bratfett glasig dünsten. Die Gewürzpaste beifügen und rührbraten, bis es gut riecht. Fleisch und Kokosnussmilch dazugeben, aufkochen und bei kleiner Hitze 15 Minuten köcheln lassen. Die Nüsse und die Kokosnusscreme beifügen und nochmals 5–10 Minuten köcheln lassen, bis das Fleisch gar ist.

Tipp:

Weil die Sauce so reichhaltig ist, passen gedämpfter Reis oder Chapati, Rezept Seite 88, am besten dazu.

Notiz:

In Indien wird meistens mit Ghee gebraten: Das ist nichts anderes als Butter, die durch das Erhitzen und Klären (die ausgeschiedenen Milchbestandteile werden entfernt) besser haltbar gemacht wurde. Bei uns als Bratbutter, fest, weich oder flüssig, angeboten.

Rührgebratenes Hühner-Nudel-Curry

Thailand

2 Schalotten, fein gehackt
2 Knoblauchzehen, fein gehackt
Maiskeimöl zum Dünsten
1 EL rote Currypaste
600 g Hühnerbrust, in Streifen geschnitten
2 cm frische Galgantwurzel, fein geschnitten
100 g Stangensellerie, fein geschnitten
100 g Sojabohnensprossen
2 EL Fischsauce
1 EL helle Sojasauce
1 TL Zucker
300 g feine Reisnudeln (Vermicelli), eingeweicht, gut abgetropft
2 rote Chili, entkernt, fein geschnitten
2–3 EL grob gehackte Korianderblättchen

◆ Schalotten und Knoblauch in Öl glasig dünsten. Die Currypaste beifügen und unter Rühren einige Sekunden mitdünsten. Die Hitze höher stellen, die Hühnerfleischstreifen dazugeben und rührbraten, bis das Fleisch gar ist.

◆ Die weiteren Zutaten bis und mit Nudeln nach und nach beifügen, dabei immer gut mischen. Sobald die Nudeln heiss, aber noch bissfest sind, Chili und Koriander darüber streuen und sofort servieren.

Ente mit Kokosnuss Madrasstyle und Chapati, Seite 88

Hühner-Kartoffel-Curry

Burma

8 kleine Frühkartoffeln
2–3 EL Kurkumapulver
1 TL Salz
12 mittelgrosse Hühnerschenkel, enthäutet
2 mittelgrosse Zwiebeln, fein gehackt
3–4 EL Maiskeim- oder Erdnussöl
5 cm frische Ingwerwurzel, gehackt
3 Knoblauchzehen, gehackt
2–3 EL rotes Chilipulver
½ l Wasser
2–3 EL Fischsauce
3–4 grob gehackte Korianderblätter

◆ Die Kartoffeln mit der Gemüsebürste unter fliessendem kaltem Wasser gründlich bürsten. Je nach Grösse ganz lassen oder längs halbieren.
◆ Das Kurkumapulver mit dem Salz mischen. Die Hühnerschenkel in eine grosse Schüssel geben, die Gewürzmischung darüber streuen und gut ins Fleisch einmassieren. Beiseite stellen.
◆ Die Zwiebeln in einer grossen weiten Bratpfanne im Öl 5 Minuten glasig dünsten. Ingwer und Knoblauch beifügen, unter Rühren 2–3 Minuten dünsten. Das Chilipulver darüber streuen und weitere 2 Minuten rührbraten.
◆ Das Fleisch dazugeben, mischen und 5 Minuten rührbraten. Kartoffeln, Wasser und Fischsauce beifügen. Aufkochen und alles zugedeckt 20 Minuten köcheln lassen, bis Kartoffeln und Fleisch gar sind. Kurz vor dem Servieren den Koriander darüber streuen.

Tipp:

Dieses dünnflüssige Curry wird am besten mit gedämpftem Reis serviert.

Nonyastyle Chicken Curry

Malaysia

1 Hühnchen, 1,4–1,6 kg
6–8 rote Chili, entkernt, gehackt
2 Zitronengrasstängel, fein geschnitten
12 ungesalzene Macadamianüsse oder Candlenuts, grob gehackt
2 Knoblauchzehen, gehackt
3–4 EL Erdnuss- oder Maiskeimöl
16 Schalotten oder 2 kleine Zwiebeln, fein gehackt
1 EL Kurkumapulver
1 TL Salz
600 ml Kokosnussmilch
1–2 Limetten, Saft

◆ Das Hühnchen unter fliessendem kaltem Wasser gründlich spülen. Mit Haushaltpapier trockentupfen. In 8–10 gleichmässig grosse Stücke teilen und die Haut abziehen (den Rest für Fond weiterverwenden). Die Geflügelteile zugedeckt beiseite stellen.
◆ Chili, Zitronengras, Nüsse und Knoblauch pastenähnlich zerdrücken. Wenn nötig mit einigen Tropfen Öl anfeuchten.
◆ Die Schalotten oder Zwiebeln in 2 EL Öl glasig dünsten. Chilipaste und Kurkumapulver beifügen und 4 Minuten rührbraten. Aufpassen, dass nichts anbrennt.
◆ Das restliche Öl beifügen und die Hitze höher stellen. Das Fleisch dazugeben und unter Wenden goldbraun anbraten. Salz und Kokosnussmilch beifügen, aufkochen und 30 Minuten köcheln lassen. Mit Limettensaft abschmecken und sofort servieren.

Tipps:

◆ Dazu passt am besten Reis.
◆ Das Curry 1–2 Tage im Voraus zubereiten, damit die Zutaten, vor allem die Gewürze, sich entfalten und miteinander verbinden können.

◆ Statt einem ganzen Huhn Hühnerbrüstchen und/oder -schenkel und -flügel verwenden. Die Teile wenn nötig in gleich grosse Stücke schneiden, damit alle die gleiche Garzeit haben.

Notiz:

Mit Limettensaft kann man die Schärfe der Chili ausgleichen: Die Menge Limettensaft hängt von der Anzahl der verwendeten Chili ab und bestimmt das Gleichgewicht zwischen «hot» und «sour» (scharf und sauer).

Hühnercurry mit Tamarinde

Malaysia

650 g Hühnerbrüstchen oder -schenkelfleisch, in 2,5 cm grosse Stücke geschnitten
1 TL Salz
1 EL Crevettenpaste
5 cm frische Ingwerwurzel, gehackt
2 Knoblauchzehen, gehackt
2 Zitronengrasstängel, fein geschnitten
1 EL Kurkumapulver
1–2 EL Chilipulver
3–4 EL ungesalzene Erdnüsse, geröstet
4–5 EL Maiskeim- oder Erdnussöl
400 ml Kokosnussmilch
1–2 EL Tamarindenextrakt
3–4 EL grob gehackte Korianderblätter

◆ Das Hühnerfleisch mit Salz einreiben. Zugedeckt beiseite stellen.
◆ Die Crevettenpaste unter Rühren bei mittlerer Hitze 1 Minute trocken rösten. Mit Ingwer, Knoblauch, Zitronengras, Kurkuma-, Chilipulver und den Erdnüssen pastenähnlich zerdrücken. Wenn nötig mit einigen Tropfen Öl anfeuchten.
◆ Das restliche Öl in einer weiten Pfanne erhitzen. Die Ingwerpaste beifügen und bei mittlerer Hitze 3 Minuten rührbraten.
Das Fleisch dazugeben und mischen, bis es mit der Paste rundherum überzogen ist, 5 Minuten rührbraten. Kokosnussmilch und Tamarindenextrakt dazugiessen und zugedeckt 10 Minuten köcheln lassen.
◆ Den Deckel entfernen und die Sauce 5 Minuten einkochen. Mit Koriander bestreuen und sofort servieren.

Tipp:

Tamarindenextrakt aus Mark zubereiten: 90 g Tamarindenmark in 120 ml Wasser 2 Stunden quellen lassen. Dann durch ein Sieb streichen und die Flüssigkeit nach Rezept weiterverwenden.

Curried Chicken Kebabs

Curry-Hühnerspiesschen

Für 8 Bambusspiesschen, ca. 15 cm lang

1 EL Koriandersamen
1 EL Kreuzkümmelsamen
1–2 EL Currypulver
1 TL Kurkumapulver
¼ l Kokosnussmilch
1–2 EL Maiskeimöl
1–2 EL frisch gepresster Zitronensaft
1 EL Rohzucker
700 g Hühnerbrüstchen, in 2,5 cm grosse Würfel geschnitten
Salz, Pfeffer

◆ Koriander- und Kreuzkümmelsamen 1–2 Minuten trocken rösten. Auskühlen lassen, dann fein zerstossen.

◆ Curry- und Kurkumapulver unter Rühren 1–2 Minuten trocken rösten. Mit den zerstossenen Gewürzen, Kokosnussmilch, Öl, Zitronensaft und Zucker verrühren. Mit dem Hühnerfleisch in ein Glas- oder Porzellangefäss geben. Zugedeckt im Kühlschrank 4 Stunden ziehen lassen.

◆ Die Bambusspiesschen in kaltem Wasser einweichen.

◆ Das Fleisch aus der Marinade nehmen und gut abtropfen lassen. Die Marinade beiseite stellen. Das Fleisch auf die Spiesschen stecken. Mit Salz und Pfeffer würzen. Die Spiesschen auf dem Grill oder in einer Grillpfanne (oder in einer beschichteten Bratpfanne) auf jeder Seite 5 Minuten braten.

◆ Die Marinade in einem Saucenpfännchen unter Rühren aufkochen und bei kleiner Hitze 10 Minuten köcheln lassen. Zu den Spiesschen servieren.

Variante:

Statt Hühnerbrüstchen 600 g geschälte Crevetten oder 700 g festes Fischfleisch verwenden. Kochzeit entsprechend anpassen.

Scharfes Entencurry

Burma

1 Ente, ca. 2 kg
1 mittelgrosse Zwiebel, geschält
3 cm frische Ingwerwurzel, gehackt
2 Knoblauchzehen, gehackt
1 TL Salz
2–3 EL Weissweinessig
4–5 EL Erdnuss- oder Maiskeimöl
10 Schalotten oder 3 mittelgrosse Zwiebeln, fein gehackt
2–3 EL Kreuzkümmelpulver
2–3 EL Korianderpulver
1–2 EL rotes Chilipulver
1 EL Kurkumapulver
3 mittelgrosse Tomaten, enthäutet, gehackt
4–5 EL Fischsauce
1–2 EL frisch gemahlener weisser Pfeffer
400 ml Wasser
2–3 EL grob gehackter Koriander

◆ Die Ente enthäuten und das Fett entfernen. Dann in 8–10 gleichmässig grosse Stücke schneiden. Die Zwiebel fein reiben, dabei den Saft auffangen. Mit Ingwer, Knoblauch, Salz und Essig mischen. Die Fleischstücke damit einreiben und zugedeckt im Kühlschrank 1 Stunde ziehen lassen. Ab und zu wenden.

◆ Das Fleisch herausnehmen, die Gewürzmischung abstreifen und beiseite stellen. Das Fleisch portionenweise in 2–3 EL Öl unter Wenden anbraten. Herausnehmen und zugedeckt beiseite stellen. Das restliche Öl in die Pfanne geben, Schalotten oder Zwiebeln beifügen und 5 Minuten glasig dünsten. Die Gewürzmischung dazugeben, 3 Minuten dünsten. Die Gewürze darüber streuen und nochmals 2–3 Minuten dünsten.

◆ Die Hitze höher stellen, die Tomaten beifügen und 8–10 Minuten köcheln lassen. Das Fleisch samt Jus dazugeben und mischen, bis es mit der Sauce überzogen ist. Mit Fischsauce und Pfeffer abschmecken. Das Wasser dazugiessen und alles zugedeckt bei kleiner Hitze etwa 15 Minuten schmoren lassen. Offen weitere 5 Minuten köcheln lassen, damit die Sauce sämiger wird. Kurz vor dem Servieren den Koriander darüber streuen.

Tipp:

Gedämpften Reis oder aufgebackenes asiatisches Fladenbrot dazu servieren.

Varianten:

- Statt einer ganzen Ente 4 grosse Entenbrüstchen verwenden.
- Oder 800 g Schweinefleisch in 2 cm grosse Würfel schneiden. Die Schmorzeit verlängert sich um 15 Minuten.

Notiz:

Dieses Curry ähnelt den sehr scharfen indischen Currygerichten. Für eine mildere Variante die halbe Menge der Gewürze verwenden. Die Burmesen marinieren das Fleisch zuerst in einer Gewürzmischung die Essig enthält; dadurch wird es zarter.

Würzig gebratenes Hühnchen

Indien

2 cm frische Ingwerwurzel, gerieben
2 Knoblauchzehen, gepresst
2 rote Chili, entkernt, fein gehackt
4–6 Korianderzweige, abgezupfte Blätter
2 Kardamomkapseln, Samen
2 Gewürznelken
1 cm Zimtstange
1 TL Garam Masala
1 TL Korianderpulver
½ TL Kreuzkümmelpulver
60 g Joghurt nature
1 Hühnchen, ca. 1,5 kg
1 TL Salz
frisch gemahlener weisser Pfeffer
1 grosse Zwiebel, fein geschnitten
1 Korianderzweig

- Die Zutaten bis und mit Zimtstange zu einer Paste zerdrücken. Die Gewürze und den Joghurt gut darunter mischen. Das Hühnchen damit bestreichen und zugedeckt im Kühlschrank 4 Stunden oder über Nacht marinieren.
- Das Hühnchen in einen Bräter setzen. Mit Salz und Pfeffer würzen, mit den Zwiebeln bedecken. In der Mitte des auf 170 Grad vorgeheizten Backofens 1¾ Stunden braten. Vor dem Aufschneiden 10 Minuten zugedeckt stehen lassen. Mit Koriander garnieren und sofort servieren.

Tipps:

- Zur Berechnung der Bratzeit: 20 Minuten (Basis) plus jeweils pro 500 g Fleisch 20 Minuten dazu.
- Das Hühnchen zusammen mit mehreren scharfen Gerichten servieren.

Chicken Curry aus Sri Lanka

2 grosse Zwiebeln, fein gehackt
3–4 EL Maiskeimöl
½ TL Fenugreeksamen
10 Curryblätter
3 Knoblauchzehen, gepresst
2 cm frische Ingwerwurzel, gerieben
1 EL Korianderpulver
1 EL Paprikapulver
1 TL Kurkumapulver
1 TL Kreuzkümmelpulver
½ TL Fenchelsamen
1 TL Salz
2–3 EL Weissweinessig
800 g Hühnerunterschenkel, enthäutet
2 mittelgrosse Tomaten, enthäutet, gehackt
6 Kardamomkapseln, gequetscht
5 cm Zimtstange
1 Zitronengrasstängel, nur der untere Teil, gequetscht
¼ l Kokosnussmilch
Zitronensaft zum Abschmecken

◆ Die Zwiebeln im Öl glasig dünsten. Die Fenugreeksamen und Curryblätter beifügen und rührbraten, bis die Blätter leicht braun sind. Knoblauch und Ingwer dazugeben und rührbraten, bis es gut riecht. Die Gewürze, Salz und Essig beifügen, 1–2 Minuten rührbraten.
◆ Die Hühnerschenkel dazugeben und mischen, bis sie mit der Gewürzmischung überzogen sind. Die Tomaten, Gewürze und das Zitronengras dazugeben. Zugedeckt bei kleiner Hitze 40 Minuten schmoren lassen, ab und zu umrühren.
◆ Kokosnussmilch und Zitronensaft dazugiessen. Offen noch einige Minuten köcheln lassen und sofort servieren.

Tipp:
Dazu gehört unbedingt Reis.

Notiz:
In Sri Lanka verwendet man statt Paprika bis zu 30 rote Chili – damit dieses Curry richtig rot wird.

Grünes Hühnercurry
Thailand

¾ l Kokosnussmilch
2–3 EL grüne Currypaste
4 Hühnerbrüstchen, enthäutet, in 2,5 cm breite Streifen geschnitten
3 Kaffirlimettenblätter, fein geschnitten
2–3 EL Fischsauce
1 TL Rohzucker
4–6 grüne Chili, entkernt, fein gehackt
reichlich Heiliger-Basilikum- oder Korianderblätter
1–2 rote Chili, entkernt, fein geschnitten

◆ 200 ml Kokosnussmilch aufkochen und unter Rühren köcheln lassen, bis sie eingekocht ist und eine ölige Oberfläche hat. Die Currypaste beifügen, gut mischen und unter Rühren weitere 3–5 Minuten köcheln lassen, bis es gut riecht und sich das Öl absetzt.
◆ Die Hühnerbrüstchen dazugeben, rührbraten, bis das Fleisch weiss ist. Die restliche Kokosnussmilch dazugiessen, aufkochen und etwas köcheln lassen. Kaffirlimettenblätter, Fischsauce und Zucker dazugeben und 10 Minuten köcheln lassen. Den Chili und die Hälfte der Kräuter dazustreuen, 2 Minuten köcheln lassen. Die restlichen Kräuter darüber streuen und sofort servieren.

Tipp:
Dazu passen gedämpfter Jasminreis und thailändische Beilagen.

Varianten:
◆ Mit Auberginen: 3 Thai-Auberginen vierteln und mit den Kaffirlimettenblättern beifügen.
◆ Mit Ente: Statt Hühnerbrüstchen 3 mittelgrosse, enthäutete Entenbrüstchen in Streifen schneiden.
◆ Mit Crevetten: Die Hühnerbrüstchen durch 600 g geschälte, gesäuberte Riesencrevetten ersetzen. Erst nach den Kaffirlimettenblätter beifügen und etwa 5 Minuten köcheln lassen, bis sie rosa sind.
◆ Mit Rindfleisch: Die Hühnerbrüstchen durch 650 g Rindfleisch, z. B. Huft oder Entrecôte, ersetzen. In 1 cm breite Streifen schneiden. Die Currypaste zuerst in 2–3 EL Erdnussöl anbraten, das Fleisch beifügen und rührbraten, bis es die rote Farbe verloren hat. Dann die Kokosnussmilch dazugiessen. Weiter nach Rezept.

Gelbes Hühnercurry
Thailand

8 kleine Frühkartoffeln
125 ml gelbe Currypaste
Maiskeimöl zum Rührbraten
800 ml Kokosnussmilch
4 grosse Hühnerbrüstchen, in 1,5 cm breite Streifen geschnitten
2–3 EL Fischsauce
1–2 EL Palm- oder Rohzucker
1 grosse Zwiebel, fein geschnitten

◆ Die Kartoffeln mit der Gemüsebürste unter fliessendem kaltem Wasser gründlich bürsten. Je nach Grösse ganz lassen oder längs halbieren.
◆ Die Currypaste in Öl bei mittlerer Hitze 3–4 Minuten rührbraten, bis sie gut riecht. 400 ml Kokosnussmilch dazugiessen, unter Rühren aufkochen. Die Kartoffeln beifügen und bei kleiner Hitze 10 Minuten köcheln lassen.
◆ Die Hühnerfleischstreifen und die restliche Kokosnussmilch dazugeben. Mit Fischsauce und Zucker abschmecken. Die Zwiebel darüber streuen und alles zugedeckt 5 Minuten weiterköcheln lassen, bis Kartoffeln, Fleisch und Zwiebeln gar sind. Sofort servieren.

Tipp:
Mit gedämpftem Jasminreis servieren.

Notiz:
Gelbe Curries werden im Süden Thailands zubereitet und traditionell mit einem Gurken-Relish serviert. Diese Curries sind mildsüsslich im Geschmack und für Curry-NeueinsteigerInnen gut geeignet.

Grillierte Masala-Hühner-brüstchen

Indien

- 1 Tasse (200 ml) Minzen- und Korianderblätter
- 4 Knoblauchzehen, gehackt
- 3 cm frische Ingwerwurzel, gehackt
- 3–4 EL frisch gepresster Zitronensaft
- 2 EL Garam Masala
- 1 EL Tandoori-Mix (Pulver)
- 1 EL Sesamöl
- 4 Hühnerbrüstchen, mit Haut
- 1 TL Salz

◆ Die Zutaten bis und mit Zitronensaft fein pürieren. Die Gewürzmischungen und das Öl darunter rühren. Die Hühner brüstchen schräg 3- bis 4-mal einschneiden. Mit der Gewürzpaste bestreichen und zugedeckt 4 Stunden oder über Nacht kalt stellen.

◆ Eine Grillpfanne oder Gusseisenplatte erhitzen. Das Fleisch salzen. Beide Seiten, zuerst auf der Hautseite, je 3–4 Minuten braten. Nebeneinander auf ein Blech geben. In der Mitte des auf 190 Grad vorgeheizten Backofens 12–15 Minuten braten. Heiss servieren.

Tipp:

Tandoori-Mix selbst gemacht: 1 EL Kurkumapulver mit 1 TL Paprikapulver, 1 TL Garam Masala, je ½ TL Chili- und Kardamompulver und 1 Prise Safran mischen.

Variante:

Kann gut bei mässiger Glut auf dem Grill zubereitet werden. Während dem Grillieren mit der Marinade bestreichen.

Grillierte Masala-Hühnerbrüstchen

Lammcurry Kaschmirart
Indien

800 g mageres Lammfleisch, z. B. Schulter oder Keule
6 Tomaten, enthäutet, gehackt
2 mittelgrosse Zwiebeln, fein gehackt
4 grüne Kardamomkapseln
1 TL Fenchelsamen
1 TL Kreuzkümmelsamen
2–3 EL Koriandersamen
2 Knoblauchzehen, gepresst
3 cm frische Ingwerwurzel, gerieben
3 EL Maiskeimöl
2 TL Kurkumapulver
2 EL Chilipulver, z. B. aus Kaschmir
1 EL Garam Masala
450 g Joghurt nature
2 Briefchen Safran, in 1 EL warmem Wasser aufgelöst
Salz, frisch gemahlener schwarzer Pfeffer
3–4 EL Korianderblättchen

◆ Das Lammfleisch in 2,5 cm grosse Würfel schneiden. Zugedeckt beiseite stellen. Tomaten und Zwiebeln im Mixer fein pürieren. Ebenfalls zugedeckt beiseite stellen.
◆ Kardamom, Fenchel-, Kreuzkümmel- und Koriandersamen fein zerstossen. Knoblauch und Ingwer im Öl bei mittlerer Hitze glasig dünsten. Das Tomaten-Zwiebel-Püree, die zerstossenen Gewürze, Kurkumapulver, Chilipulver und Garam Masala dazugeben. Unter Rühren 10 Minuten sanft braten, bis sich das Öl an der Oberfläche absetzt. Das Fleisch dazumischen, bis es mit der Sauce bedeckt ist. Joghurt und Safran nach und nach beifügen. Bei kleiner Hitze 40 Minuten schmoren lassen, bis das Fleisch zart gegart ist.
◆ Mit Salz und Pfeffer abschmecken. Kurz vor dem Servieren mit Koriander bestreuen.

Tipps:
◆ Ist kein Chilipulver aus Kaschmir erhältlich, die gleiche Menge Cayennepfeffer verwenden.
◆ Dazu passen weiches Naan-Brot, Rezept Seite 87, und Mango-Pickles.

Notiz:
Kaschmir-Curries rühmen sich, die reichhaltigsten und die dunkelrötesten zu sein: Die kräftige Farbe stammt vom Gewürz Rattanjog. Safran kann als Ersatz für dieses kaum erhältliche Gewürz genommen werden.

Sosaties
Südafrika, Cape Malay

Für 8 Bambusspiesschen

800 g Lammfleisch, z. B. Keule oder Schulter
3–4 EL Rohzucker
2 Knoblauchzehen, gepresst
4 cm frische Ingwerwurzel, gerieben oder fein gehackt
5–6 EL Garam Masala
1 EL Kurkumapulver
1 EL Kreuzkümmelpulver
1 EL Korianderpulver
2 Lorbeerblätter
6 Gewürznelken
1 TL schwarze Pfefferkörner
375 ml Malzessig oder Weissweinessig
3 mittelgrosse Zwiebeln, fein gehackt
Öl zum Braten

◆ Lammfleisch in 2,5 cm grosse Würfel schneiden. Zugedeckt beiseite stellen.
◆ Zucker, Knoblauch, Ingwer und alle Gewürze in einer grossen Schüssel mischen. Den Essig nach und nach beifügen und mischen. Die Zwiebeln und das Fleisch dazu-

Sosaties

geben, von Hand mischen, bis alles mit der Marinade überzogen ist. Zugedeckt im Kühlschrank 4 Stunden oder über Nacht ziehen lassen.

◆ Die Bambusspiesschen in kaltem Wasser einweichen.

◆ Das Fleisch herausnehmen. Die Marinade abstreifen und beiseite stellen. Das Fleisch auf die Spiesschen stecken. In einer beschichteten Pfanne in wenig Öl oder auf dem Grill auf jeder Seite 5 Minuten braten.

◆ In der Zwischenzeit die Marinade mit den Zwiebeln 10 Minuten köcheln lassen. Zu den Sosaties servieren.

Tipp:

Sosaties werden traditionell auf gedämpftem Reis serviert. Gut schmecken sie auch mit Baked Potatoes vom Grill.

Variante:

Statt Lammfleisch Rindfleisch, z. B. Rumpsteak, oder 4 Hühnerbrüstchen verwenden.

Masaman-Rindscurry

Thailand

600 g Rindfleisch, z. B. Entrecôte oder Rumpsteak
1 TL Salz
600 ml Kokosnussmilch
8 Kardamomkapseln, gequetscht
2 cm Zimtstange
1 Lorbeerblatt
½ l Kokosnusscreme
3–4 EL Masaman-Currypaste
2 mittelgrosse Kartoffeln, in 2 cm grosse Würfel geschnitten
1 mittelgrosse Zwiebel, fein geschnitten
3–4 EL Fischsauce
1–2 EL Tamarindenextrakt oder
3 EL Zitronensaft
2–3 EL Palm- oder Rohzucker
1–2 EL Thai-Basilikum-Blättchen
4–5 EL ungesalzene Erdnüsse, frisch geröstet, grob gehackt
2 rote Chili, entkernt, fein geschnitten

◆ Das Rindfleisch in 2,5 cm grosse Würfel schneiden, salzen und in eine weite Pfanne geben. Die Kokosnussmilch dazugiessen. Kardamom, Zimt und Lorbeerblatt beifügen. Aufkochen und offen bei kleiner Hitze 30 Minuten ziehen lassen. Das Fleisch samt den Gewürzen herausnehmen und zugedeckt beiseite stellen.

◆ ¼ l Kokosnusscreme erhitzen, bis sich das Öl an der Oberfläche absetzt. Die Currypaste unter Rühren beifügen, 3–4 Minuten köcheln lassen. Kartoffeln, Zwiebel, Fleisch, Gewürze und die restliche Kokosnusscreme dazugeben. Bei kleiner Hitze 10 Minuten fertig garen. Mit Fischsauce, Tamarindenextrakt oder Zitronensaft und Zucker abschmecken, 5 Minuten ziehen lassen. Kurz vor dem Servieren den Basilikum darüber streuen. Mit Erdnüssen und Chili garnieren.

Tipp:

Die Kokosnussmilch (vom Garen des Rindfleischs) erkalten lassen und portionenweise tiefkühlen. Kann für Suppe oder als würziger Fond für asiatische Gerichte weiterverwendet werden.

Variante:

Masaman-Curries sind meistens mit Rindfleisch, aber nie mit Schweinefleisch zubereitet. Schmeckt auch ausgezeichnet mit Lammfleisch oder Hühnerbrüstchen.

Notiz:

Masaman-Curries sind typisch für den Süden Thailands, wo der Anteil der muslimischen Bevölkerung sehr hoch ist. Dies ist ein mildes Curry mit einer süsslichen und doch scharfen Note. Für mehr Gehalt und Schärfe mehr Currypaste verwenden.

Rinds-Kokos-Curry

Burma

800 g mageres Rindfleisch, z. B. Entrecôte, Rumpsteak
1 TL Salz
2 EL Chilipulver
1–2 EL Kurkumapulver
2 mittelgrosse Zwiebeln, fein gehackt
4–5 EL Sesamöl
4 cm frische Ingwerwurzel, gehackt
2 Knoblauchzehen, gehackt
1 Zitronengrasstängel, nur der untere Teil, gequetscht
¼ l Kokosnussmilch
150 ml Wasser oder Bouillon
3–4 EL grob gehackte Korianderblättchen

◆ Das Rindfleisch in 2,5 cm grosse Würfel schneiden. Mit Salz, Chili- und Kurkumapulver würzen. Zugedeckt beiseite stellen.
◆ Die Zwiebeln im Öl 5 Minuten glasig dünsten, ohne Farbe annehmen zu lassen. Ingwer, Knoblauch und Zitronengras beifügen, 2–3 Minuten rührbraten. Das Fleisch dazugeben und rührbraten, bis es die rote Farbe verloren hat. Mit Kokosnussmilch und Wasser ablöschen, aufkochen und 15 Minuten zugedeckt schmoren lassen, bis das Fleisch zart gegart ist. Das Zitronengras entfernen. Kurz vor dem Servieren den Koriander darüber streuen.

Tipp:

Für ein sämigeres und gehaltvolleres Curry: 400 ml Kokosnussmilch verwenden und Wasser bzw. Bouillon weglassen.

Variante:

Statt Rindfleisch Schweinefleisch vom Nierstück oder Lammrückenfilets nehmen.

Spicy sour pork

Burma

600 g mageres Schweinefleisch
8 getrocknete rote Chili, nach Belieben entkernt
6 Knoblauchzehen, gehackt
3 cm frische Ingwerwurzel, gehackt
3 Zitronengrasstängel, nur der untere Teil, fein geschnitten
1 TL Salz
1 EL Fischsauce
2 grosse Zwiebeln, fein gehackt
4–5 EL Maiskeimöl
650 ml Wasser
1–2 EL Tamarindenextrakt
12 Silber- oder Saucenzwiebelchen, geschält
4 rote Chili, entkernt, in feine Streifchen geschnitten

◆ Das Schweinefleisch in 2,5 cm grosse Würfel schneiden. Zugedeckt beiseite stellen.
◆ Die getrockneten Chili trocken rösten, bis sie sich dunkelrot verfärben. Auskühlen lassen, dann fein zerstossen. Mit Knoblauch, Ingwer und Zitronengras zu einer Paste zerdrücken. Nach Bedarf 3–4 EL Wasser dazugeben.
◆ Das Fleisch mit Salz, Fischsauce, Zwiebeln und Gewürzpaste mischen. Im Öl portionenweise 5 Minuten rührbraten, bis das Fleisch leicht Farbe annimmt.
◆ Das Wasser nach und nach unter Rühren dazugiessen. Den Tamarindenextrakt und die Silber- oder Saucenzwiebelchen beifügen. Bei kleiner Hitze 30–40 Minuten schmoren lassen. Kurz vor dem Servieren die Chili darüber streuen.

Tipps:
◆ Spart Zeit: Statt der selbst gemachten Chiliflocken 1 EL Cayennepfeffer verwenden.
◆ Das Curry mit Kokosnussreis, Rezept Seite 77, servieren.

Variante:
Schweinefleisch durch Rindfleisch ersetzen.

Notiz:
Die Schärfe lässt sich mildern, indem man die Chili entkernt oder weniger verwendet.

Panäng-Curry mit Schweinefleisch

Thailand

400 ml Kokosnussmilch
3–4 EL Panäng-Currypaste
600 g Schweinefleisch, z. B. Nierstück
1 EL Fischsauce
1 EL Palm- oder Rohzucker
20 Thai-Basilikum-Blätter
4 Kaffirlimettenblätter, fein geschnitten
2 rote Chili, schräg fein geschnitten

◆ 100 ml Kokosnussmilch aufkochen. Die Currypaste unter Rühren beifügen und 2–3 Minuten köcheln lassen, bis es gut riecht. Das Schweinefleisch in 2 cm breite Streifen schneiden. Dazugeben, gut mischen und 5 Minuten rührbraten, bis das Fleisch die rote Farbe verloren hat.
◆ Die restliche Kokosnussmilch dazugiessen. Mit Fischsauce und Zucker abschmecken. Bei kleiner Hitze 15 Minuten köcheln lassen. Basilikum- und Kaffirlimettenblätter darüber streuen und mit Chili garnieren.

Variante:
Nach 5 Minuten Erbsen-Auberginen beifügen.

Spicy sour pork und Kokosnussreis, Seite 77

Rührgebratenes Schweinefleischcurry

Thailand

600 g mageres Schweinefleisch
10 Schalotten oder 2 kleine Zwiebeln, fein gehackt
2 Knoblauchzehen, fein gehackt
4–5 EL Maiskeimöl
1–2 EL rote Currypaste
1 TL Kurkumapulver
400 ml Kokosnussmilch
3 cm Galgantwurzel, fein gehackt
2–3 EL Fischsauce
1 TL Rohzucker
1 EL Tamarindenextrakt oder
1–2 EL Zitronensaft
4–5 EL Korianderblättchen
4 Frühlingszwiebeln, fein geschnitten
5–6 EL Thai-Basilikum-Blättchen

◆ Das Schweinefleisch in 2,5 cm grosse Würfel schneiden. Zugedeckt beiseite stellen.

◆ Die Schalotten oder Zwiebeln und den Knoblauch im Öl glasig dünsten. Currypaste und Kurkumapulver beifügen und unter Rühren einige Sekunden dünsten. Die Hitze höher stellen, das Fleisch dazugeben und 1–2 Minuten rührbraten. Mit Kokosnussmilch ablöschen und bei kleiner Hitze 10 Minuten köcheln lassen. Galgant, Fischsauce, Zucker und Tamarindenextrakt oder Zitronensaft nach und nach unter Rühren dazugeben, 2 Minuten köcheln lassen.

◆ Kurz vor dem Servieren den Koriander darüber streuen. Mit Frühlingszwiebeln und Basilikum garnieren.

Tipp:

Für mehr Schärfe die Menge Currypaste erhöhen.

Variante:

Schweinefleisch durch Rindfleisch, z. B. Entrecôte oder Rumpsteak, ersetzen.

Trocken gebratenes Rindscurry

Indonesien

650 g Rindfleisch, vom Nacken
1 grosse Zwiebel, grob gehackt
4 Knoblauchzehen, gehackt
2,5 cm frische Ingwerwurzel, gehackt
3 rote Chili, entkernt
¼ l Kokosnussmilch
1 TL Kurkumapulver
1 EL Korianderpulver
1 EL Chilipulver
6 Curryblätter
1 Zitronengrasstängel, nur der untere Teil
1 TL Salz
4–5 EL Tamarindenextrakt
1 TL Zucker

◆ Das Rindfleisch in 5 mm dicke und 2,5 cm lange Streifen schneiden. Die weiteren Zutaten bis und mit Kokosnussmilch fein pürieren. In eine weite Pfanne geben und aufkochen. Die Gewürze bis und mit Zitronengras unter Rühren beifügen.

◆ Das Fleisch salzen und bei grosser Hitze unter Rühren darunter mischen. Den Tamarindenextrakt dazugeben und mischen. Zugedeckt bei kleinster Hitze 2 Stunden schmoren lassen, bis das Fleisch weich ist. Ab und zu rühren, damit nichts anbrennt. Nach Ende der Schmorzeit ist nur noch wenig Sauce übrig.

◆ Den Zucker bei mittlerer Hitze beifügen und das Fleisch rührbraten, bis es dunkelbraun wird. Sofort servieren.

Trocken gebratenes Rindscurry

Tipps:

Mit gedämpftem Reis, ein bis zwei Gemüsegerichten, Sambals, z. B. Serundeng, Rezept Seite 91, und Crevettenchips (Krupuck) servieren. Die Chips sind beim Grossverteiler und in asiatischen Lebensmittelgeschäften erhältlich. Sie werden portionenweise im 180 Grad heissen Öl ausgebacken: Sie blähen sich auf und steigen sofort an die Oberfläche. Kurz backen, dann herausnehmen und auf Haushaltpapier abtropfen lassen.

Notiz:

Dieses Curry einige Tage im Voraus zubereiten, damit die Aromen der Gewürze sich entfalten können. Zugedeckt im Kühlschrank aufbewahren. Kurz vor dem Servieren bei mittlerer Hitze nur noch heiss werden lassen.

Schweinefleisch in Kokosnussmilch

Indonesien

600 g mageres Schweinefleisch, in Würfel geschnitten
1 TL Salz
2 mittelgrosse Zwiebeln, fein gehackt
4–5 EL Sesamöl
3 cm frische Ingwerwurzel, gerieben
1 TL Crevettenpaste
1 Zitronengrasstängel, nur der untere Teil
4 rote Chili, längs halbiert
375 ml Kokosnussmilch
1 EL Rohzucker
1 EL dunkler Essig

◆ Das Schweinefleisch salzen. Zugedeckt 15 Minuten beiseite stellen.

◆ Die Zwiebeln im Öl glasig dünsten. Ingwer, Crevettenpaste, Zitronengras und Chili beifügen, 1–2 Minuten rührbraten. Das Fleisch dazugeben und 5–10 Minuten rührbraten, bis es die rote Farbe verloren hat. Die Kokosnussmilch dazugiessen, mischen. Zugedeckt bei kleiner Hitze 15 Minuten köcheln lassen.

◆ Mit Zucker und Essig abschmecken. Kurz köcheln lassen, dann das Zitronengras entfernen und das Curry sofort servieren.

Tipps:

◆ Für weniger Schärfe die Chili entkernen.

◆ Dazu passt gedämpfter Reis oder Nudeln.

Pork Vindaloo

Indien

6–8 getrocknete lange rote Chili
75 ml Malz- oder Weissweinessig
600–700 g mageres Schweinefleisch
2,5 cm frische Ingwerwurzel, fein gehackt
4 Knoblauchzehen, gepresst
1 EL Kreuzkümmelpulver
½ TL Zimtpulver
½ TL Kardamompulver
¼ TL gemahlener schwarzer Pfeffer
¼ TL gemahlene Gewürznelken
¼ TL gemahlene Muskatnuss
2 mittelgrosse Zwiebeln, fein gehackt
2–3 EL Erdnussöl
2 mittelgrosse Tomaten, enthäutet, fein gehackt
200 ml Wasser
1 TL Salz

◆ Die Chili im Essig 10 Minuten einweichen. Das Schweinefleisch in 3 cm grosse Würfel schneiden.

◆ Die Chili (den Essig beiseite stellen), Ingwer, Knoblauch und die Gewürze zu einer Paste zerdrücken. Über das Fleisch verteilen und von Hand gründlich einreiben. Das Fleisch zugedeckt im Kühlschrank 4 Stunden ziehen lassen.
◆ Die Zwiebeln im Öl 5 Minuten glasig dünsten. Die Tomaten dazugeben, 2 Minuten mitdünsten. Das Fleisch samt den Gewürzen beifügen und unter Rühren 10 Minuten heiss werden lassen, bis es die rote Farbe verloren hat. Essig, Wasser und Salz dazugeben und aufkochen. Zugedeckt bei kleiner Hitze 50–60 Minuten schmoren lassen. Von der Herdplatte ziehen und 2 Stunden auskühlen lassen.
◆ Kurz vor dem Servieren bei mittlerer Hitze heiss werden lassen.

Notiz:
Ein typisches Gericht aus Goa: sehr scharf, aber der Essig mildert die Schärfe – vor allem wenn das Curry nach dem Schmoren 2 Stunden auskühlen kann. Wegen seinem Säuregehalt wird das Curry in Keramikgeschirr serviert.

Rindscurry
Sri Lanka

1 grosse Zwiebel, fein gehackt
3–4 EL Bratbutter
2 cm frische Ingwerwurzel, gerieben
2 Knoblauchzehen, fein gehackt
2–3 EL Ceylon-Currypulver
1 EL schwarze Senfsamen
1 TL Kurkumapulver
1 EL Weissweinessig
1 TL Salz
650 g Rindfleisch, in 4 cm breite Streifen geschnitten
1 rote Chili, entkernt, gehackt
3 mittelgrosse Tomaten, enthäutet, gehackt

◆ Die Zwiebel in der Bratbutter 5 Minuten glasig dünsten. Ingwer und Knoblauch beifügen und mitdünsten. Currypulver, Senfsamen und Kurkumapulver dazustreuen und 2–3 Minuten rührbraten. Essig und Salz dazugeben. Das Fleisch nach und nach darunter mischen. Den Chili und die Tomaten beifügen. Zugedeckt bei kleiner Hitze 1 Stunde schmoren lassen, bis das Fleisch sehr zart ist.

Tipp:
Dazu passt gedämpfter oder gelb gewürzter Reis.

Varianten:
◆ 20 Minuten vor Ende der Schmorzeit kleine Kartoffeln beifügen.
◆ Das Fleisch nach Belieben mit Gemüse kombinieren. Oder statt Rindfleisch Lamm oder Geflügel verwenden; die Schmorzeit entsprechend anpassen.

Reis ist die klassische Beilage zu Curries. Er wird fast nur weiss, als Lang- und Mittelkornreis, gegessen. Zwei Typen sind auseinander zu halten: der körnig kochende Basmatireis und der Klebreis (sticky rice) mit hohem Stärkegehalt. Der Reis kommt meistens farbig, mit kräftigen und färbenden Gewürzen abgeschmeckt, auf den Tisch. Beim Polieren der Reiskörner fällt als Nebenprodukt Kleie an. Diese wiederum findet in der Pickling-Industrie Verwendung. Und aus Reismehl werden auch die Nudeln mit der kurzen Kochzeit hergestellt, die entweder aromatische Brühen bereichern oder mit wenigen Handgriffen zu einfachen leichten Gerichten werden. Ausserdem finden Sie hier noch einige Snacks für zwischendurch – vor oder nach einem Curry.

Gedämpfter Kokosnussreis

Thailand

500 g Jasminreis
400 ml Kokosnussmilch
400 ml Wasser
1 EL Rohzucker
½ TL Salz

◆ Den Reis in ein Sieb geben und unter fliessendem kaltem Wasser spülen, bis das Wasser klar ist. Gut abtropfen lassen.
◆ Kokosnussmilch, Wasser, Zucker, Salz und den Reis in einem weiten Topf unter Rühren langsam aufkochen. Mit einem gut passenden Deckel zugedeckt 15 Minuten köcheln lassen. Von der Herdplatte ziehen, den Deckel entfernen und den Dampf abziehen lassen: Die Flüssigkeit muss vollständig aufgesogen sein. Mit zwei Stäbchen oder einer Gabel den Reis lockern. Bis zum Servieren zugedeckt warm stellen.

Variante:

Burmesischer Kokosnussreis: 1 grosse fein geschnittene Zwiebel in 2–3 EL Maiskeimöl 5 Minuten glasig dünsten. 500 g Langkornreis, 800 ml Kokosnussmilch, 1 EL Rohzucker und ½ TL Salz beifügen, aufkochen. Zugedeckt bei kleiner Hitze 15–18 Minuten köcheln lassen. Weiter nach Rezept.

Gewürzter Basmatireis

Indien

250 g Basmatireis
1 kleine Zwiebel, fein gehackt
50 g Butter
1 Stück Zimtstange
2 Gewürznelken
1 Lorbeerblatt
5 Kardamomkapseln, gequetscht
1 TL Kurkumapulver
1 getrocknete rote Chili, fein zerstossen
1 Prise Safranfäden
600 ml Hühner- oder Gemüsebouillon

◆ Den Reis in ein Sieb geben und unter fliessendem kaltem Wasser spülen, bis das Wasser klar ist. Gut abtropfen lassen.
◆ Die Zwiebel in der Butter 5 Minuten glasig dünsten. Den Reis beifügen und unter Rühren dünsten, bis er knistert. Die restlichen Zutaten dazugeben und aufkochen. Mit einem gut passenden Deckel zugedeckt 20 Minuten quellen lassen. Von der Herdplatte ziehen, den Deckel entfernen und den Dampf abziehen lassen: Die Flüssigkeit muss vollständig aufgesogen sein. Mit zwei Stäbchen oder einer Gabel den Reis lockern. Bis zum Servieren zugedeckt warm stellen.

Tipp:
Gekochten Reis nie mit einem Löffel mischen oder lockern: Mit Stäbchen oder einer Fleischgabel mit langen Zinken werden die sehr weichen Reiskörner nicht zermust.

Gedämpfter aromatischer Reis

600 g Langkornreis
1 1/4 l Wasser
1 EL Salz

◆ Den Reis in ein Sieb geben und unter fliessendem kaltem Wasser spülen, bis das Wasser klar ist. Gut abtropfen lassen.
◆ Alle Zutaten in einen Topf geben und aufkochen. Mit einem gut passenden Deckel zugedeckt 17–20 Minuten quellen lassen. Von der Herdplatte ziehen, den Deckel entfernen und den Dampf abziehen lassen: Die Flüssigkeit muss vollständig aufgesogen sein. Mit zwei Stäbchen oder einer Gabel den Reis lockern. Bis zum Servieren zugedeckt warm stellen.

Varianten:
◆ Indischer Ghee-Reis: Den Reis in 2–3 EL Bratbutter unter Rühren 1 Minute dünsten. Wasser und Salz beifügen. Weiter nach Rezept.
◆ Indischer Reis mit Linsen: 2 fein gehackte mittelgrosse Zwiebeln in 2–3 EL Bratbutter glasig dünsten. Je 250 g gewaschenen Langkornreis und Linsen beifügen, kurz dünsten. Wasser und Salz dazugeben. Weiter nach Rezept.
◆ Würzreis: Den Reis andünsten, alle Gewürze oder eine Mischung aus 6 gequetschten Kardamomkapseln, 1 Zimtstange, 4 Gewürznelken, 2 Sternanis, 6 Curryblättern und/oder 1 EL Kurkumapulver beifügen und kurz dünsten. Wasser und Salz dazugeben. Weiter nach Rezept. Würzreis ist in Indien und Sri Lanka beliebt.
◆ Kreuzkümmelreis: 2 fein gehackte mittelgrosse Zwiebeln in 2–3 EL Maiskeimöl 3–4 Minuten dünsten. 2 Lorbeerblätter und

1 EL Kreuzkümmel beifügen, 1–2 Minuten rührbraten. Den Reis dazugeben und kurz braten. Wasser und Salz beifügen. Weiter nach Rezept.

◆ Zitronenreis: 2 fein gehackte mittelgrosse Zwiebeln in 2–3 EL Maiskeimöl 3–4 Minuten dünsten. 1 EL Senfsamen dazustreuen, 1–2 Minuten dünsten. Den Reis beifügen und kurz dünsten. 75 ml frisch gepressten Zitronensaft und die abgeriebene Schale von 1 Zitrone dazugeben. Knapp 1,2 l Wasser und Salz beifügen. Weiter nach Rezept.

Tipp:

Diese Reisvarianten passen zu allen Curries und scharfen Gerichten.

Currynudeln

Thailand

180 g feine Reisnudeln
2 Schalotten, fein geschnitten
2–3 EL Maiskeimöl
2 Knoblauchzehen, fein geschnitten
2 cm frische Ingwerwurzel, fein gerieben
1–2 EL rote Currypaste
1 TL Chilipulver, nach Belieben
3 Kaffirlimettenblätter, fein geschnitten
300 ml Kokosnussmilch
2–3 EL Fischsauce
1 EL Rohzucker
2–3 EL ungesalzene geröstete Erdnüsse, gemahlen
3 hart gekochte Eier, geviertelt
1 Chili, fein geschnitten
20 Korianderblätter

◆ Die Nudeln in siedend heissem Wasser 5 Minuten quellen lassen. Abgiessen und gut abtropfen lassen.

◆ Die Schalotten im Öl rührbraten. Knoblauch und Ingwer beifügen und kurz mitbraten. Currypaste und Chilipulver dazugeben, 2–3 Minuten rührbraten. Die Kaffirlimettenblätter, Kokosnussmilch, Fischsauce und Zucker gut darunter mischen und bei kleiner Hitze 4–5 Minuten köcheln lassen.

◆ Die Erdnüsse darüber streuen, mischen und sofort von der Herdplatte ziehen. Die heissen Nudeln in vorgewärmte Schalen verteilen. Die Currysauce darüber giessen. Mit Eiern, Chili und Koriander garnieren. Sofort servieren.

Variante:

Crevettennudeln: 125 g kleine geschälte Crevetten zusammen mit der Currypaste beifügen. Weiter nach Rezept.

Notiz:

Als Teil einer thailändischen Mahlzeit oder als schnelles leichtes Gericht servieren.

Gebratene Nudeln

Thailand

200 g flache Reisnudeln, ca. 7 mm breit
2 Knoblauchzehen, gepresst
2–3 EL Maiskeimöl
2 Eier, verquirlt
2–3 EL frisch gepresster Limetten- oder Zitronensaft
2 EL Fischsauce
1 TL Zucker
2–3 EL ungesalzene Erdnüsse, geröstet
2–3 EL getrocknete Crevetten, gemahlen
½ TL Chilipulver
50 g Sojabohnensprossen
4 Frühlingszwiebeln, in 2 cm breite Stücke geschnitten
3–4 EL Korianderblättchen, grob gehackt
4 Limetten- oder Zitronenschnitze

◆ Die Nudeln in Wasser 10–12 Minuten quellen lassen. Abgiessen und gut abtropfen lassen.
◆ Den Knoblauch im Öl kurz rührbraten. Die Eier beifügen und ebenfalls 2–3 Minuten rührbraten. Die Nudeln unter Rühren dazumischen. Die restlichen Zutaten bis und mit Frühlingszwiebeln nach und nach dazugeben, dabei ständig und rasch rühren. Mit Koriander und Limetten- oder Zitronenschnitzen garnieren und sofort servieren.

Tipp:
Das Nudelgericht ist in 2–3 Minuten zubereitet, wenn alle Zutaten bereitstehen.

Notiz:
Diese gebratenen Nudeln nach thailändischer Art (Pad thai) sind das bekannteste Gericht Thailands. Kann auch separat serviert werden.

Gebratene Eiernudeln

Indonesien

300 g dünne Eiernudeln
100 ml Erdnussöl
8 Schalotten oder 1 mittelgrosse Zwiebel, fein gehackt
4 Knoblauchzehen, gepresst
4 dünne Scheiben Galgant oder 1 cm frische Ingwerwurzel, fein gehackt
2 rote Chili, entkernt, fein gehackt
1 TL Crevettenpaste
200 g Schweinefilet, in dünne Scheiben geschnitten
150 g kleine Crevetten, geschält, gesäubert
125 g Chinakohl, fein geschnitten
1 TL Salz
1 TL Rohzucker
2–3 EL helle Sojasauce
4 Frühlingszwiebeln, fein geschnitten
6 cm Gurke, längs geviertelt, entkernt, in lange Stücke geschnitten

◆ Die Nudeln in heissem Wasser quellen lassen. Dann in reichlich siedendem Wasser 1–3 Minuten bissfest kochen. Abgiessen, kalt abschrecken und gut abtropfen lassen. Mit 1 EL Öl mischen, damit die Nudeln nicht kleben.
◆ Die Schalotten oder Zwiebel im restlichen Öl glasig dünsten. Knoblauch, Galgant oder Ingwer und Chili beifügen und rührbraten, bis es gut riecht. Die Crevettenpaste darunter mischen. Nach und nach Fleisch und Crevetten dazugeben, gut mischen. Chinakohl, Salz und Zucker beifügen, unter Rühren rasch braten, bis das Gemüse knapp weich ist.
◆ Die Nudeln dazumischen und mit Sojasauce abschmecken. In Schalen anrichten. Mit Frühlingszwiebeln und Gurke garnieren.

Tipp:

Eine wichtige Garnitur für asiatische Gerichte sind gebratene Zwiebeln (fried onion flakes). Sie sind in guter Qualität in asiatischen Lebensmittelgeschäften erhältlich. Es ist nicht ganz einfach, fein geschnittene Zwiebeln gleichzeitig knusprig zu frittieren und goldbraun zu rösten. So wirds gemacht: Fein geschnittene Zwiebeln portionenweise auf einer Schaumkelle kurz ins heisse Öl halten, bis sie goldbraun sind. Sofort herausnehmen und auf Haushaltpapier abtropfen lassen.

Variante:

Schweinefleisch ganz oder zur Hälfte durch Hühnerbrüstchen ersetzen.

Glasnudeln

Burma

200 g Glasnudeln
4 Knoblauchzehen, fein geschnitten
2–3 EL Maiskeimöl
8 getrocknete rote Chili, fein geschnitten
4 Frühlingszwiebeln, samt Grün fein geschnitten
1 Zwiebel, fein geschnitten
6–8 EL grob gehackte Korianderblätter
1 Zitrone, geviertelt

◆ Die Nudeln in siedend heissem Wasser 15 Minuten quellen lassen. Abgiessen und gut abtropfen lassen.
◆ Den Knoblauch im Öl golden braten, auf Haushaltpapier abtropfen lassen. Die Chili im verbliebenen Öl 4–5 Sekunden rührbraten, auf Haushaltpapier abtropfen lassen.
◆ Frühlingszwiebeln, Zwiebel, Koriander, Knoblauch, Chili und Zitrone in kleinen Schälchen anrichten. Zu den Nudeln servieren.

Tipp:

Statt Glasnudeln Reisnudeln verwenden. Sie brauchen nur 5 Minuten eingeweicht zu werden. Glasnudeln (trocken) sind kaum zu brechen, darum mit der Schere in Portionen schneiden. Manchmal sind sie als Portionen gebündelt erhältlich.

Notiz:

Zum Essen erst die Schale mit etwas Glasnudeln füllen. Dann eine Portion Curry oder Suppe darauf geben und mit den kleinen Beilagen individuell abschmecken.

Curry-Crevetten-Halbmonde

Thailand

Für 20 Stück

Teig:
150 g Mehl
½ TL Salz
30 g Butter, in Würfel geschnitten
125 ml Kokosnussmilch

Füllung:
8 Schalotten oder 1 kleine Zwiebel, fein gehackt
2–3 EL Erdnussöl
6 Korianderwurzeln, geschabt, fein gehackt
2 Knoblauchzehen, gepresst
1 cm frische Ingwerwurzel, fein gehackt
1 TL Korianderpulver
½ TL Kurkumapulver
½ TL Kreuzkümmelpulver
1 Prise gemahlener weisser Pfeffer
1 rote Chili, entkernt, fein gehackt
2 EL Fischsauce
175 g Crevettenschwänze, geschält, gesäubert, gehackt

je 1 EL Mehl und Wasser, glatt gerührt
Kokosfett zum Frittieren

◆ Teig: Alle Zutaten zu einem glatten geschmeidigen Teig verarbeiten. Zugedeckt 30 Minuten kalt stellen.
◆ Füllung: Die Schalotten oder Zwiebel im Öl 5 Minuten glasig dünsten. Koriander, Knoblauch und Ingwer beifügen, 2 Minuten dünsten. Die Gewürze dazustreuen und rührbraten, bis es gut riecht. Chili und Fischsauce dazugeben, auskühlen lassen. Dann die Crevetten darunter mischen.
◆ Den Teig auf wenig Mehl 3 mm dick auswallen. Kreise von 8 cm Durchmesser ausstechen. Die Teigränder mit der Mehlpaste bestreichen. Je etwa 1 EL Füllung in die Mitte der Teigkreise geben. Den Teig in der Hälfte überschlagen, die Ränder festdrücken oder nach Belieben wellig zusammendrücken.
◆ Die Halbmonde portionenweise im 190 Grad heissen Kokosfett goldbraun ausbacken, auf Haushaltpapier abtropfen lassen. Heiss servieren.

Tipp:
3–4 Tage im Voraus zubereiten. Zugedeckt im Kühlschrank aufbewahren oder lose einfrieren. Noch gefroren frittieren oder im Ofen backen.

Varianten:
◆ Die Crevetten durch 160 g Hühnerbrüstchen ersetzen.
◆ Die Halbmonde im auf 200 Grad vorgeheizten Backofen 10 Minuten backen.

Satay-Spiesschen mit Curry-Erdnuss-Sauce

Thailand

Für 12 Bambusspiesschen, ca. 18 cm lang

Spiesschen:
300 g Hühnerbrüstchen, waagrecht durchgeschnitten
1 EL Koriandersamen
1 EL Kreuzkümmelsamen
125 ml Kokosnussmilch
2–3 EL Panäng-Currypaste
2 EL Rohzucker
1–2 EL Fischsauce
1–2 EL helle Sojasauce

Sauce:
6 Schalotten, fein gehackt
1 EL Erdnussöl

2 EL rote Currypaste
1 TL Chiliflocken
2 Kaffirlimettenblätter, sehr fein geschnitten
375 ml Kokosnussmilch
200 g Erdnussbutter mit Stückchen (Crunchy Peanutbutter)
1 EL Palm- oder Rohzucker
2–3 EL Tamarindenextrakt
2–3 EL frisch gepresster Limettensaft

◆ Spiesschen: Die Hühnerbrüstchen in 2 cm breite Streifen schneiden. Die Koriander- und Kreuzkümmelsamen trocken rösten, bis es gut riecht. Dann fein mahlen. Mit den restlichen Zutaten mischen. Das Fleisch darin wenden und zugedeckt im Kühlschrank über Nacht marinieren. 1- bis 2-mal wenden.

◆ Sauce: Die Schalotten im Öl glasig dünsten. Currypaste, Chiliflocken und Kaffirlimettenblätter beifügen, 2–3 Minuten dünsten. 175 ml Kokosnussmilch, Erdnussbutter und Zucker dazugeben, unter Rühren 5 Minuten köcheln lassen. Die restliche Kokosnussmilch dazugiessen. Mit Tamarindenextrakt und Limettensaft abschmecken. Wenn die Sauce zu dick ist, wenig warmes Wasser beifügen.

◆ Die Bambusspiesschen in kaltem Wasser einweichen.

◆ Das Fleisch aus der Marinade nehmen, gut abstreifen. 1–2 Fleischstreifen pro Spiesschen auffädeln. Auf einer heissen Grillplatte oder in einer Grillpfanne unter Wenden 6–8 Minuten braten. Mit der Sauce servieren.

Tipp:

Die Sauce kann 1 Tag im Voraus zubereitet werden.

Variante:

Hühnerbrüstchen durch Schweinefleisch, z. B. Filet oder Nierstück, ersetzen.

Scharfe Currynüsse

175 g ungesalzene Cashewnüsse
175 g ungesalzene grosse Erdnüsse
175 g Mandeln mit der Schale
1 Eiweiss, leicht verquirlt
wenig Erdnussöl für die Form
1 EL Garam Masala
1 TL Kreuzkümmelpulver
1 TL Korianderpulver
½ TL Salz
¼ TL Rohzucker

◆ Die Nüsse und Mandeln in einer Schüssel mischen. Das Eiweiss beifügen, die Nüsse damit von Hand einreiben. In eine ofenfeste geölte Form geben. Gewürze, Salz und Zucker mischen. Über die Nüsse streuen und unter Schwenken mischen, bis sie mit der Gewürzmischung überzogen sind.

◆ In der Mitte des auf 150 Grad vorgeheizten Backofens 30 Minuten backen, ab und zu an der Form rütteln. Auskühlen lassen.

Tipp:

Haltbarkeit: In einem gut verschliessbaren Gefäss 1 Woche.

Variante:

Für mehr Schärfe 1 TL Chilipulver beifügen.

Pakora

Indien

Teig:
125 g Kichererbsenmehl
375 ml Wasser
1 TL Korianderpulver
½ TL Kurkumapulver
½ TL Cayennepfeffer
½ TL Salz

Auswahl an Saisongemüse, z. B. Karotten, Blumenkohl, Champignons, Auberginen, Kartoffeln (kurz vorgekocht), in mundgerechte Stücke geschnitten
Kokosnussfett zum Frittieren

◆ Teig: Mehl, Wasser, Gewürze und Salz mit dem Schwingbesen glatt rühren. Zugedeckt bei Raumtemperatur 15 Minuten stehen lassen.
◆ Das Gemüse portionenweise in den Teig tauchen. Im 190 Grad heissen Fett goldbraun ausbacken, auf Haushaltpapier abtropfen lassen. Sofort servieren.

Tipp:
Pakora als Snack oder zum Aperitif servieren. Dazu passt eine Auswahl an Chutneys.

Variante:
Statt Gemüse Crevetten verwenden. Mit Salz und Currypulver würzen, dann in den Teig tauchen.

Notiz:
Der Teig aus Kichererbsenmehl ist nicht porös und lässt das Frittierfett daher nicht eindringen.

Chili-Bissen

Südafrika

130 g Kichererbsenmehl
70 g Mehl
1 TL Backpulver
1 TL Salz
1 TL Kurkumapulver
½ TL Garam Masala
1 TL Kreuzkümmelpulver
45 g frische Ingwerwurzel, gerieben
1 grüne Chili, fein gehackt
1 rote Chili, fein gehackt
1 kleine Zwiebel, fein gehackt
50 g feine Spinatblätter, Stiel entfernt, in Stücke gezupft
2–3 EL flüssige Butter
175 ml Wasser
Kokosnussfett zum Frittieren

◆ Das Mehl bis und mit Spinat in einer Schüssel mischen. Butter und Wasser nach und nach unter Rühren dazugeben, bis der Teig glatt ist und dickflüssig von der Kelle tropft. Sonst noch etwas Wasser dazugiessen.
◆ Mit einem geölten Dessertlöffel den Teig in Portionen ins 190 Grad heisse Fett geben. Unter Wenden goldbraun ausbacken, auf Haushaltpapier abtropfen lassen. Sofort servieren.

Variante:
Statt Spinat ein Bund grob gehackten Koriander nehmen.

Pakora

Sie gehören zu den Curries. Um neben der Schärfe noch weitere Akzente zu setzen. Meistens wird dampfend heisser Reis, nach der Quellmethode gegart, dazu serviert. Die anderen Beilagen sind, ebenso wie das Curry, nur noch lauwarm. In Burma gehören Balachaung, hart gekochte Eier, Limetten, frittierter Knoblauch und Frühlingszwiebeln oder Schalotten dazu. In Thailand werden zusätzlich frische Chili und jede Menge Kräuter aufgetischt. In Malaysia sind Sojasauce, Sambals, Pickles und Chutneys ein Muss. Und eine Art Fladenbrot wie in Indien. Alles wird gleichzeitig in die Mitte des Tisches gestellt, und man kombiniert individuell nach Lust und Laune. Locker und von allem ein bisschen. Alles ist erlaubt, von Hand essen, löffelweise schlemmen oder auf den Stäbchen balancieren.

Naan mit Chutneys und Pickles:
vorne Gurken-Pickles, Mitte Pineapple Kerabu, hinten Mango-Chutney

Naan
Indien

Für 4 grosse oder 8 kleine Brote

150 ml Milch, lauwarm
1 EL Rohzucker
1 EL Trockenhefe
500 g Weiss- oder Dinkelmehl
½ TL Salz
1 TL Backpulver
60 g Butter oder Bratbutter, flüssig
2 Eier, verquirlt
100 g Joghurt nature
2 EL Maiskeimöl

◆ Milch, Zucker und Hefe verrühren. Bei Raumtemperatur 10–15 Minuten gehen lassen.
◆ Mehl, Salz und Backpulver in einer Schüssel mischen. In die Mitte eine Vertiefung drücken. 30 g Butter, die Eier, Joghurt und Milch dazugeben und mischen. Von Hand zu einem Teig zusammenfügen, 10–12 Minuten kneten, bis er weich und glatt ist. Zu einer Kugel formen und mit Öl bestreichen. In einer vorgewärmten Schüssel zugedeckt bei Raumtemperatur 1 Stunde auf das Doppelte aufgehen lassen.
◆ Den Teig zusammenkneten, nochmals 10 Minuten stehen lassen. In 4 oder 8 gleich grosse Portionen teilen. Jeweils zu einem Kreis ausziehen, so dass die Ränder etwas dicker als die Mitte sind. Auf ein mit Backpapier belegtes Blech geben. Mit der restlichen Butter bestreichen.
◆ Die Naan in der Mitte des auf 240 Grad vorgeheizten Backofens 6–7 Minuten backen, bis sie aufgegangen und goldbraun gebacken sind. Noch warm servieren.

Variante:

Die fertig geformten Naan vor dem Backen mit Kreuzkümmel-, Sesam-, Mohn- oder Nigellasamen bestreuen.

Schnelle Naan (ohne Hefe)

Indien

Für 8 Brote

450 g Mehl
1 ½ TL Backpulver
1 TL Salz
1 TL Zucker
1 Ei, verquirlt
50 g Joghurt nature
¼ l Milch, aufgekocht, auf 50 Grad abgekühlt
30 g Butter oder Bratbutter, flüssig
2–3 EL Mohnsamen
Maiskeimöl zum Bestreichen

◆ Mehl, Backpulver, Salz und Zucker in einer Schüssel mischen. In die Mitte eine Vertiefung drücken. Ei, Joghurt und Milch hineingiessen, mischen. Von Hand zu einem Teig zusammenfügen, 7–10 Minuten kneten, bis er weich und glatt ist. Zu einer Kugel formen und mit einem feuchten Tuch bedeckt bei Raumtemperatur 30 Minuten ruhen lassen.
◆ Den Teig in 8 Portionen teilen. Auf wenig Mehl zu Kreisen von 15 cm Durchmesser auswallen und leicht oval ausziehen. Beidseitig mit Öl bestreichen und mit Mohnsamen bestreuen. Auf ein mit Backpapier belegtes Blech geben.
◆ Die Naan in der Mitte des auf 240 Grad vorgeheizten Backofens 6–7 Minuten backen. Noch warm servieren.

Variante:

Statt Mohnsamen Sesam- oder Kreuzkümmelsamen verwenden.

Chapati

Indien

Für 8 Brote

450 g feines Vollkorn- oder Dinkelvollkornmehl
1 TL Salz
300–400 ml Wasser

◆ Mehl und Salz in eine Schüssel geben. 225 ml Wasser nach und nach dazugiessen, zu einem weichen Teig mischen. Wenn nötig das restliche Wasser beifügen. Den Teig 5–7 Minuten kneten. Mit einem feuchten Tuch bedeckt 1 Stunde kühl stellen.
◆ Den Teig in 8 gleich grosse Portionen teilen. Von Hand flach drücken. Auf wenig Mehl zu Kreisen von 18 cm Durchmesser auswallen.
◆ Eine Grillplatte (in Indien *tawa* genannt) oder Gusseisenbratpfanne stark erhitzen. Die Chapati portionenweise unter Wenden hellbraun backen. Zugedeckt warm stellen. Dann sofort servieren.

Tipp:

Chapati trocknen nach dem Backen sehr schnell aus. Deshalb sofort zudecken, damit sie warm bleiben.

Variante:

Puri (ausgebackene Brote): Den Teig zubereiten und formen wie im Rezept beschrieben. In eine Bratpfanne mit hohem Rand 3 cm hoch Erdnussöl oder Kokosnussfett füllen und auf 180 Grad erhitzen. Die Puri darin portionenweise unter Wenden goldbraun ausbacken. Herausnehmen, auf Haushaltpapier abtropfen lassen und sofort servieren.

Notiz:

Im Tandoori-Ofen gebacken heissen sie *roti*.

Faratas

Mauritius

Für 12 Brote

500 g Mehl
1 EL Salz
3–4 EL Maiskeimöl
330 ml Eiswasser
60 g Bratbutter, flüssig

◆ Mehl und Salz in einer Schüssel mischen. 2½ EL Öl beifügen, mit den Fingerspitzen streuselähnlich mischen. In die Mitte eine Vertiefung drücken. ¼ l Wasser hineingiessen, mischen. Von Hand zu einem Teig zusammenfügen, wenn nötig das restliche Wasser beifügen. 10 Minuten kneten, bis der Teig weich und glatt ist. Zu einer Kugel formen und zugedeckt 30 Minuten kühl stellen.

◆ Den Teig in 12 Portionen teilen. Auf wenig Mehl zu Kreisen von 20 cm Durchmesser auswallen. Beidseitig mit Bratbutter bestreichen. Je zwei gegenüberliegende Seiten in die Mitte falten, so dass sich die Ränder berühren. Erneut auf 20 cm Durchmesser auswallen.

◆ Eine Grillplatte oder Gusseisenbratpfanne stark erhitzen. Die Teigkreise mit dem restlichen Öl bepinseln. Die Faratas portionenweise auf jeder Seite 30 Sekunden hellbraun backen. Vor dem Wenden mit Bratbutter bestreichen. Zugedeckt warm stellen. Dann sofort servieren.

Tipp:

Die Finger mit wenig Öl einreiben, damit das Mehl und der Teig weniger daran kleben bleiben.

Notiz:

Faratas sind in Mauritius auch unter dem Namen *roti* bekannt: Sie werden vor allem von den Indern anstelle von Reis zubereitet und gegessen. Die Brote werden in Stücke geteilt, um das Curry ohne Gabel und Messer essen zu können.

Balachaung

Burma und Thailand

125 g getrocknete Crevetten
190 ml Erdnussöl
60 ml Sesamöl
10 Knoblauchzehen, sehr fein geschnitten
100 g Schalotten, sehr fein gehackt
1–2 EL getrocknete rote Chili, fein zerstossen
1–2 TL Crevettenpaste
4–5 EL Weissweinessig
1 EL Salz

◆ Die Crevetten sehr fein zerkleinern. Die beiden Öle in einer Bratpfanne erhitzen. Knoblauch und Schalotten nacheinander darin braten. Nicht zu dunkel werden lassen, weil sie sonst sehr bitter werden. Mit einer Schaumkelle herausnehmen und auf Haushaltpapier abtropfen lassen.

◆ Das Öl bis auf 3 EL abgiessen. Das Öl in der Pfanne erneut erhitzen. Die Crevetten beifügen und kurz rührbraten. Chili, Crevettenpaste, Essig und Salz unter Rühren gut darunter mischen. Von der Herdplatte ziehen und auskühlen lassen.

◆ Knoblauch und Schalotten locker darunter mischen. In einem gut verschliessbaren Glas im Kühlschrank aufbewahren.

Tipp:

Das abgegossene Öl zum Braten oder Rührbraten weiterverwenden.

Notiz:

Balachaung ist ein getrocknetes Crevetten-Relish und eine beliebte Würze zu burmesischen Gerichten. Es ist monatelang haltbar. Kann auch als Sandwichfüllung oder als Aufstrich (auf Toasts oder Crackers) verwendet werden.

Tomaten-Koriander-Chutney

Mauritius

6 mittelgrosse Tomaten, enthäutet, entkernt, in 1 cm grosse Würfel geschnitten
1 mittelgrosse Zwiebel, sehr fein gehackt
1 grosse grüne Chili, entkernt, fein geschnitten
50 g Korianderblätter, grob gehackt
1–2 EL Olivenöl
1 Zitrone, Saft
Salz, Pfeffer

◆ Tomaten, Zwiebel, Chili und Koriander in einer Schüssel mischen.

◆ Öl und Zitronensaft verrühren. Mit Salz und Pfeffer würzen. Über die Tomaten geben und rasch mischen. Sofort servieren.

Tipp:

Passt zu Curries aus Indien, Mauritius oder Cape Malay.

Variante:

Koriander durch frische Minze ersetzen.

Notiz:

Dieses «Chutney» ist zwar eher ein Salat, wird in Mauritius aber so bezeichnet.

Dholl

Mauritius

250 g gelbe gesplittete Erbsen (*dholl*), gespült, gut abgetropft
1 TL Kurkumapulver
2 getrocknete Curryblätter, nach Belieben
1 TL Salz
½ l Wasser
1 mittelgrosse Zwiebel, fein gehackt
1 EL Maiskeimöl
1 Knoblauchzehe, gepresst
1 cm frische Ingwerwurzel, fein gerieben
1 rote Chili
2 mittelgrosse Tomaten, enthäutet, grob gehackt

◆ Die Erbsen mit den Gewürzen, Salz und Wasser in einem Topf zugedeckt bei Raumtemperatur 2 Stunden stehen lassen. Dann aufkochen, die Hitze reduzieren und die Erbsen halb zugedeckt 35 Minuten quellen lassen.

◆ Die Zwiebel im Öl glasig dünsten. Knoblauch und Ingwer beifügen und kurz mitdünsten. Erbsen, Chili und Tomaten dazugeben und 25 Minuten köcheln lassen, bis die Tomaten verkocht sind. Wenn nötig etwas Wasser nachgiessen. Die Konsistenz muss püreeartig sein. Nach Bedarf abschmecken.

Tipp:

Dholl zu Curries aus Indien oder Mauritius servieren. Dazu passen Tomaten-Koriander-Chutney, Rezept Seite 90, gedämpfter oder gewürzter Reis, Seite 78, und Faratas, Seite 89.

Variante:

In Indien heisst diese Beilage *dhal* oder *dal* und wird mit gelben oder roten Linsen zubereitet: 250 g Linsen (gelbe, rote oder gemischt) in kaltem Wasser 1 Stunde quellen lassen. Gemäss Rezept aufkochen und höchstens 15–20 Minuten köcheln lassen. Die restlichen Zutaten beifügen und in 15 Minuten fertig garen.

Serundeng

Indonesien

1 kleine Zwiebel, sehr fein gehackt
1 Knoblauchzehe, gepresst
1 cm frische Ingwerwurzel, fein gerieben
2–3 EL Erdnussöl
½ TL Korianderpulver
½ TL Kreuzkümmelpulver
1–2 EL Tamarindenextrakt oder Zitronensaft
1 TL Rohzucker
½ TL Salz
250 g Kokosnussraspel
125 g ungesalzene Erdnüsse, geröstet

◆ Zwiebel, Knoblauch und Ingwer zu einer Paste zerdrücken. Im Öl 2–3 Minuten rührbraten. Die Gewürze, Tamarindenextrakt oder Zitronensaft, Zucker und Salz beifügen und 1–2 Minuten rührbraten. Die Kokosnuss dazumischen und unter Rühren bei kleiner Hitze 20–25 Minuten garen, bis sie ganz trocken ist und leicht Farbe annimmt.

◆ Die Erdnüsse dazugeben und weiterrösten, bis die Kokosnussraspel goldbraun sind. Dabei ständig rühren, damit nichts anbrennt. Auskühlen lassen.

Tipp:

Mit Erdnüssen als Beilage zu Reisgerichten servieren oder über indonesische Gerichte streuen. Gut verschlossen, im Kühlschrank 1 Monat haltbar.

Pineapple Kerabu

Malaysia

2 rote Chili, fein gehackt
60 ml frisch gepresster Limettensaft
2–3 EL Zucker
Salz
1 grosse reife Ananas, geschält, längs geachtelt, holziges Mark entfernt, in 1 cm breite Stücke geschnitten
12 Minzenblättchen, grob gehackt
12 Korianderblättchen, grob gehackt

◆ Chili mit Limettensaft, Zucker und Salz verrühren.

◆ Kurz vor dem Servieren über die Ananas verteilen und die Kräuter dazumischen.

Variante:

Statt Ananas 1 grosse reife Papaya oder 2 grosse reife Mangos verwenden.

Gurken-Pickles

Thailand

10 cm Gurke, mit Schale
1 mittelgrosse Karotte, geschält, längs halbiert, fein geschnitten
3 Schalotten, fein gehackt
1 rote Chili, entkernt, fein gehackt
125 ml Reisessig
2–3 EL Zucker
1–2 EL ungesalzene Erdnüsse, geröstet, fein gemahlen

◆ Die Gurke längs vierteln. Die Kerne mit einem Teelöffel entfernen. Die Gurke fein schneiden. Mit Karotte, Schalotten und Chili mischen.
◆ Den Essig mit dem Zucker unter Rühren warm werden lassen, bis der Zucker aufgelöst ist. Dann sirupartig einkochen. Über das Gemüse giessen und mischen. Mit Erdnüssen bestreuen.

Tipp:
Gurke hat einen kühlenden Effekt und passt gut zu scharfen Thai-Gerichten, vor allem zu Fisch und Crevetten.

Nam prik

Thailand

1 EL Crevettenpaste
2–3 EL getrocknete Crevetten, 15 Minuten in lauwarmem Wasser eingeweicht, gespült, gut abgetropft
2 Knoblauchzehen, gehackt
4 rote Chili, gehackt
1 EL Palm- oder brauner Zucker
2–3 EL frisch gepresster Limettensaft
2 EL Fischsauce

◆ Die Crevettenpaste in Alufolie wickeln. In einer trocken erhitzten Bratpfanne unter Wenden bei mittlerer Hitze 6 Minuten heiss werden lassen. Dann mit den restlichen Zutaten zu einer Paste mischen.
◆ Gut verschlossen, im Kühlschrank aufbewahren. Vor dem Servieren Raumtemperatur annehmen lassen.

Tipps:
◆ Nam prik wird als Dip zu thailändischen Gerichten serviert. Meistens mit einer Auswahl an rohen oder knackig gegarten Gemüsen, Crevetten, frittierten Fischstücken, hart gekochten Eiern und gedämpftem Reis.
◆ Um die Schärfe zu mildern, die Chili entkernen.

Varianten:
◆ Durch die getrockneten Crevetten wird das Fischaroma verstärkt. Man kann sie auch weglassen und dafür 1–2 TL Crevettenpaste zusätzlich verwenden.
◆ Jeder Haushalt, jede Region in Thailand hat ein eigenes Rezept für Nam prik. Im Norden lässt man die Crevettenpaste ganz weg: je 4 gehackte Chili, 4 Knoblauchzehen, 4 kleine Schalotten und 2 geschälte mittelgrosse Tomaten fein pürieren. 5 Minuten köcheln lassen. 2–3 EL Zitronensaft, 2–3 EL helle Sojasauce, 1 TL Zucker und etwas Salz beifügen. Auskühlen lassen.

Notiz:
Nam prik kann mit Chili-Wasser übersetzt werden und gehört in Thailand täglich auf den Tisch. Als Beilage zu Gerichten oder zum Würzen.

Mango mit Kokosnuss-Sambal

Indien

½ TL Koriandersamen
½ TL schwarze Senfsamen
300 g Kokosnussraspel
2 rote Chili, entkernt, fein gehackt
1 EL Jaggery oder Palmzucker, gerieben
300 g reife feste Mangos, geschält, in 1 cm grosse Würfel geschnitten

◆ Koriander- und Senfsamen nacheinander in einer Pfanne trocken rösten, bis es gut riecht. Auskühlen lassen. Kokosnuss, Chili, Zucker und die Gewürze zu einer Paste zerdrücken.
◆ Die Mangowürfel darunter mischen, bis sie mit der Paste überzogen sind. Bis zum Servieren zugedeckt kalt stellen.

Variante:

Mango durch Ananas, Banane oder Pfirsich ersetzen.

Notiz:

Dieses Sambal-Rezept ist typisch für die Südküste Indiens, wo häufig Kokosnuss verwendet wird. Diese Beilage kann mit Gurken-Raita verglichen werden, welches im Norden Indiens serviert und mit Joghurt zubereitet wird. Beide – Kokosnuss und Joghurt – haben eine kühlende Wirkung.

Mango-Chutney

Indien

400 g reife feste Mangos, geschält, in 1 cm grosse Würfel geschnitten
50 g Rohzucker
1,5 cm frische Ingwerwurzel, fein gehackt
2 Knoblauchzehen, fein gehackt
1 EL Senfsamen
1 TL Kurkumapulver
½ TL Chilipulver, nach Belieben
50 g Sultaninen oder Weinbeeren
1 EL Tamarindenextrakt

◆ Alle Zutaten in einer Pfanne mischen. Zugedeckt bei kleiner Hitze 30 Minuten ziehen, dann auskühlen lassen.

Variante:

Statt Mango Ananas verwenden.

Notiz:

Chutneys sind Marmeladen ähnlich. Sie sind einfach zuzubereiten und passen wunderbar zu indischen Curries. Sie können auch zu frisch ausgebackenen Pappadum serviert werden.

Kohl-Mallung

Sri Lanka

200 g Kohl, z. B. Wirz, Weisskohl, Chinakohl, fein geschnitten, gewaschen
1 mittelgrosse Zwiebel, fein gehackt
2 grüne Chili, entkernt, gehackt
¼ TL Kurkumapulver
¼ TL schwarze Senfsamen
1 EL getrocknete, gemahlene Crevetten, nach Belieben
1 TL Salz
125 g Kokosnussraspel

◆ Den noch feuchten Kohl mit den restlichen Zutaten bis auf die Kokosraspel in einem Topf zugedeckt aufkochen. Bei kleiner Hitze knapp weich garen, aber auf keinen Fall zu weich werden lassen, ab und zu rühren. Die Feuchtigkeit des Kohls sollte ausreichen, damit er ohne Wasser gegart werden kann.

◆ Die Kokosraspel dazumischen. Offen köcheln lassen, bis die Flüssigkeit aufgesogen ist. Diese Beilage muss ziemlich trocken sein. Heiss oder lauwarm servieren.

Variante:

Kohl durch 500 g Radieschen- oder Kohlrabiblätter, Kresse oder Brunnenkresse ersetzen: Mit den restlichen Würzzutaten in einen Topf geben. 2 EL Zitronensaft dazugiessen. Zugedeckt 6 Minuten köcheln lassen. Dann 60 g Kokosnuss beifügen. Weiter nach Rezept.

Notiz:

Mallung sind in Sri Lanka eine wichtige Beilage zu Curry und Reis: Ein bis zwei verschiedene Mallung werden zu jeder Mahlzeit serviert, um den Vitaminbedarf zu decken.

Garnituren

Chiliblumen

Lange rote Thai-Chili eignen sich dafür am besten: Die Spitze wegschneiden. Mit einem scharfen Messer oder einer kleinen spitzen Schere parallel so fein wie möglich bis zum Stielansatz einschneiden. Dann einige Stunden in Eiswasser legen.

Frühlingszwiebelblumen

◆ Exemplare mit kleinem Zwiebelansatz sind dazu ideal: Die grünen Röhrchen bis auf 6–7 cm zurückschneiden. Mit einem scharfen Messer oder einer kleinen spitzen Schere parallel so fein wie möglich bis zur Zwiebel einschneiden. Dann einige Stunden in Eiswasser legen.

◆ Exemplare mit kaum Zwiebelansatz in 5–6 cm lange Stücke schneiden. Von beiden Seiten her gut 1 cm tief, so fein wie möglich, einschneiden. Nach Belieben einen Chilistreifen um die Mitte legen. Einige Stunden in Eiswasser legen.

Kräuter

Ganze Kräuterzweige, z. B. von Koriander, Basilikum und Minze, werden zum Garnieren verwendet.

Rezeptverzeichnis

Weitere Titel der Reihe «Die besten Rezepte»

Karin Messerli
Pizza

Karin Messerli
Antipasti, Tapas, Mezze

Karin Messerli
Chili, Peperoni, Paprika

Karin Messerli
Rucola, Bärlauch, Löwenzahn

Karin Messerli
Kürbis

Julie Landis-Sager
Zucchini Zucchetti

Julie Landis-Sager
Tomaten

Ralf Kabelitz
Desserts schnell und schlank

Annemarie Wildeisen
Garen über Dampf

Annemarie Wildeisen
Mozzarella

Annemarie Wildeisen
Konfitüren, Marmeladen, Gelees

Annemarie Wildeisen
Provence

Jacqueline Fessel
und Margrit Sulzberger
Getreide

Verena Krieger
Hülsenfrüchte

Verena Krieger
Pflanzlich binden und gelieren

Paul Pfyl/Heinz Knieriemen
Vogelbeere, Schlehe, Hagebutte

AT Verlag
Bahnhofstrasse 39–43
CH-5001 Aarau
Telefon ++41-(0)62-836 62 46
Fax ++41-(0)62-836 66 67
E-mail: info.buchverlag@azag.ch
Internet: www.at-verlag.ch